LE GÉNÉRAL DUMOURIEZ

(1739-1823)

Copyright by Perrin et C⁰⁹, Paris, 1914.

POUGET DE SAINT-ANDRÉ

LE
GÉNÉRAL DUMOURIEZ

(1739-1823)

D'APRÈS DES DOCUMENTS INÉDITS

PARIS

LIBRAIRIE ACADÉMIQUE

PERRIN ET Cie, LIBRAIRES-ÉDITEURS

35, QUAI DES GRANDS-AUGUSTINS, 35

1914

Droits de reproduction et de traduction réservés pour tous pays.

A MADAME E. DE LAIRE

AVANT-PROPOS

Un grand nombre de publications récentes ont jeté un jour nouveau sur l'histoire de la Révolution française. Quelques héros de ce grand drame ont été convaincus d'assez vilaines actions, et l'on s'est demandé si les événements nous avaient été exposés avec exactitude.

Le hasard de mes recherches personnelles m'a fait tomber sur des documents dont la lecture m'a surpris : jusqu'à présent le général Dumouriez avait été représenté comme un aventurier sans foi ni loi, perdu de vices et trahissant tous les partis. Or rien n'est plus inexact. Après une étude approfondie et consciencieuse, j'ai acquis la conviction qu'il y avait là une série de calomnies et de fausses légendes à détruire. Ce soi-disant petit-fils de laquais était apparenté aux premières familles de France. Monarchiste constitutionnel, il fut séduit au début de la Révolution par les idées nouvelles; mais bien loin de trahir la confiance de Louis XVI, il ne cessa de travailler à son salut. On verra (chapitre IX) comment la Convention prépara la défaite de Neerwinde parce que « rien n'est dangereux pour une république comme un général victorieux ». Forcé d'émigrer pour échapper à la guillotine, Dumouriez négocia avec l'armée de la coalition, mais en posant comme première condition qu'il rétablirait seul la monarchie, et que les étrangers ne franchiraient pas les frontières françaises.

Ruiné et proscrit, traîné dans la boue par tous les partis, il ne cessa de travailler à la restauration; seul Louis-Philippe lui en témoigna de la reconnaissance.

L'honnêteté de Dumouriez paraît inattaquable. Enfin, on lui a fait un crime des faiblesses de sa vie privée. Mais un officier vertueux au dix-huitième siècle serait une exception bien rare ! Sa femme, après l'avoir laissé soupirer pendant onze ans, lui rendit la vie insupportable ; il en fut consolé par l'affection fidèle de Mme de Barruel-Beauvert qui vécut avec lui depuis le début de la Révolution jusqu'en 1820.

En somme, malgré l'opinion généralement admise, je considère le vainqueur de Valmy comme un grand homme victime des événements, et je serais heureux si je contribuais à réparer une injustice en réhabilitant sa mémoire.

LE GÉNÉRAL DUMOURIEZ

CHAPITRE PREMIER

LA JEUNESSE DE DUMOURIEZ

Le 25 janvier 1739, naissait à Cambrai [1] un enfant chétif que les médecins déclarèrent ne pas être viable. Au bout de quelques mois, comme il ne se décidait pas à mourir, on lui fit confectionner un corset d'acier pour soutenir ses reins, puis on l'allongea dans une petite voiture.

Cet enfant malingre devait vivre quatre-vingt-quatre ans, au milieu des aventures les plus extraordinaires.

Charles-François Dumouriez n'était pas un parvenu, ainsi que l'ont cru Michelet et Sorel.

1. Après avoir été en garnison dans cette ville, le père du général s'y était fixé, probablement en 1733.

Il descendait d'une vieille famille parlementaire de Provence, qui affirmait remonter aux comtes de Cornouailles, ancêtres des ducs de Bretagne [1].

1. D'après une généalogie dressée sous Louis XVI, le nom de Du Périer fut pris vers l'an 980 par le second fils du comte de Cornouailles. L'un de ses descendants, Alain Du Périer, était compagnon d'armes de Du Guesclin. Vers cette époque la branche cadette se fixa en Provence et donna naissance aux aïeux de Dumouriez. Jeanne Du Périer, qui appartenait à la branche aînée, épousa en 1441 un Goyon-Matignon. Grâce à ce mariage, les Du Périer furent alliés aux Rohan, aux Montmorency, aux La Trémoïlle, aux d'Harcourt, aux Gontaut, aux princes de Monaco, etc. Cette généalogie s'appuie sur divers auteurs, tels que Robert de Briançon, *État de la Provence*, t. II.

Dans un intéressant article de *l'Écho de Paris* du 1ᵉʳ décembre 1912, M. Frédéric Masson émet l'opinion que le père du général Dumouriez, fils d'un laquais, aurait inventé sa parenté avec les Du Périer et « pris des armoiries qui peuvent se lire ainsi : D'azur à la bordure engrelée d'or, surmontée d'une tête de lion arrachée et couronnée d'or ». Mais les armes des Du Périer de Provence sont précisément : d'azur à la bande d'or à la tête de lion arrachée d'or, etc. Elles n'ont donc pas été *inventées* par Du Périer Du Mouriez.

L'origine du nom de Dumouriez est aussi qualifiée de légende par M. Fr. Masson. Pourtant, d'après La Chénaye-Desbois, Anne Du Mouriez ou Du Morier a épousé en 1619 Claude Du Périer, gentilhomme de Charles de Lorraine, qui a toujours passé pour le bisaïeul du général. Il faudrait donc établir la fausseté de cette filiation.

Si les Du Mouriez ont usurpé le nom et les armes des Du Périer, il est bien surprenant que les ennemis politiques du général, après avoir accumulé contre lui toutes sortes de calomnies, n'aient pas dénoncé cette usurpation ! Comment enfin expliquer qu'Antoine-François Du Périer du

Son bisaïeul, Claude du Périer, ayant épousé Anne Du Moriez, quelques-uns de leurs fils prirent le nom de Du Moriez et Du Mouriez. Son grand-père, Charles-François Du Mouriez Du Périer, était un original : après une jeunesse orageuse, ayant dissipé sa fortune, il entra en 1685 à la Comédie-Française. M. Monval [1] affirme que le laquais de Molière dont on a longtemps cherché le nom et qui mettait toujours les bas de son maître à l'envers, ne serait autre que Charles-François Du Périer.

Peut-être, dans son admiration pour le génie de Molière, le jeune artiste l'aidait-il à se grimer et à se costumer, mais, jusqu'à preuve contraire, nous maintenons qu'il faut se garder de confondre deux personnages bien distincts : Du Périer, artiste de la Comédie-Française et Provençal, laquais de Molière.

Charles du Périer eut quelques succès mais fut sifflé à la première représentation de *George Dandin*.

Après vingt ans de vie artistique, il prit sa retraite et inventa la pompe à incendie. Chose rare, il fut récompensé d'avoir rendu service à ses concitoyens. Nommé directeur des pompes

Mouriez, fils d'un laquais, se trouve frère d'un évêque, de cinq officiers et de deux fonctionnaires ?

1. MONVAL, *le Laquais de Molière*.

avec un bon traitement, logé aux frais de l'État[1], 41, rue Mazarine, il put subvenir à l'éducation de ses trente-deux enfants. Ses deux unions ayant été tant de fois bénies par le ciel, chacun de ses héritiers trouva peu de choses dans la succession paternelle.

La plupart des fils prirent la carrière militaire[2]; l'un devint évêque, un autre comédien puis munitionnaire de la marine sous le nom de Dupérier de Saint-Léon ; François-Nicolas fut directeur des pompes, Joseph Dumouriez de la Geneste, premier commis du ministre Saint-Florentin, Antoine-François, père du général, fut officier au régiment de Picardie, puis commissaire des guerres; il épousa Sophie de Châteauneuf, appartenant à une famille de comédiens et cependant cousine du marquis de Bussy.

Auteur d'un opéra, d'une tragédie, et d'un grand nombre de poésies, cet ancien officier était un intellectuel dans le sens que les modernes attachent à ce mot : c'est-à-dire qu'il était antimilitariste. « Je déteste, proclamait-il, le métier de massacrer les hommes, masqué sous le nom d'état militaire. »

Peintre et musicien en même temps que poète,

1. MONVAL, *le Laquais de Molière.*
2. Il y eut pendant quelque temps six frères Du Périer Du Mouriez officiers à la fois dans le même régiment.

le père du général n'avait pas échappé à l'influence de l'atavisme provençal. Ainsi dans un rapport au ministre de la Guerre pendant la campagne de 1758, il se vante d'avoir tiré deux millions d'une province qui sans lui n'aurait pu fournir que cinq cent mille livres, « et de l'avoir néanmoins laissée aussi riche à son départ qu'à son arrivée [1] ».

Outre le jeune infirme, Antoine du Mouriez avait deux filles dont l'une devint plus tard abbesse de Fervacques et l'autre épousa le baron de Schomberg. Leur éducation fut aussi soignée que le comportait la modeste fortune de leurs parents [2]. Le meilleur professeur de musique de Cambrai était alors l'abbé Fontaine ; il venait régulièrement donner des leçons aux demoiselles du Mouriez. Pris de pitié pour le petit malade condamné depuis plus de six ans à l'immobilité, l'abbé Fontaine demanda à le prendre chez lui.

Tant que Charles du Mouriez avait été livré aux médecins, sa santé était restée détestable. Du jour où il fut soigné par un professeur de musique, il guérit.

Une fois débarrassé de son corset de fer,

1. *Feuilles d'histoire,* juin 1911. LANDRECY, *le Commissaire des guerres Dumouriez.*
2. Huit mille livres de rentes.

Mahul prétend que l'enfant « marcha sur les mains à cause de la faiblesse de ses reins [1] ». Il serait plus exact de dire qu'il marchait, comme on dit vulgairement, à quatre pattes.

L'abbé Fontaine frappé de l'intelligence précoce de son jeune pensionnaire, conseilla de l'envoyer au lycée Louis-le-Grand dès qu'il eut retrouvé la santé.

A seize ans Charles du Mouriez annonça à son père qu'il voulait entrer dans les ordres. Celui-ci protesta, se désola et se hâta de faire lire à son fils les œuvres de Voltaire, Rousseau, et des autres philosophes du dix-huitième siècle. Ces lectures ne furent sans doute pas sans influence sur l'attitude du futur général au moment de la Révolution. En attendant, elles modifièrent ses idées au point de lui faire renoncer à l'état ecclésiastique.

Ses parents le destinèrent alors à la magistrature. Mais au début de la guerre de Sept ans, le jeune du Mouriez supplia tellement son père de l'emmener avec lui, qu'il fut autorisé à suivre l'armée. Il voulut absolument emporter une petite bibliothèque; ce caprice devait plus tard lui éviter la mort. Bientôt il déclara avoir la vocation militaire et il profita de ce qu'il avait sauvé

1. MAHUL, *Annuaire nécrologique*, année 1823.

un convoi attaqué par les Autrichiens, pour se faire nommer cornette dans le régiment d'Escars.

Le jeune officier se signala à Emstetten; une balle l'atteignit à la hanche mais ne lui fit qu'une contusion. Quelques jours plus tard il reçut encore deux coups de feu qui le blessèrent très légèrement à la tête et au genou. Nommé aide de camp du maréchal d'Armentières [1], il se signala en couvrant la retraite du général du Muy. A Clostercamp son cheval est tué et tombe en lui immobilisant une jambe; dans cette position du Mouriez tient tête à une compagnie de hussards Prussiens qui après l'avoir fusillé le criblent de coups de sabre. Enfin l'aide de camp du duc de Brunswick arrive à temps pour empêcher qu'on ne l'achève, et le fait porter à l'ambulance dans un état désespéré. La peau de son front pendait décousue par un coup de sabre, un bras était broyé, un doigt coupé, les sourcils et les cils brûlés par un coup de pistolet tiré à bout portant; enfin du Mouriez n'avait pas moins de vingt blessures, dont six graves. Une balle l'avait frappé en pleine poitrine à la hauteur du cœur et s'était arrêtée dans un volume de Pascal, *les Lettres provinciales.*

1. LAMARTINE, *Histoire des Girondins.*

Deux mois plus tard il entrait en convalescence grâce aux soins du duc de Brunswick, son futur adversaire à Valmy, et bientôt il fut transporté dans sa famille.

Longtemps après, la plaie de son bras s'étant rouverte, on y trouva des morceaux de son uniforme oubliés par les chirurgiens.

A la fin de la guerre de Sept ans, du Mouriez est réformé avec la croix de Saint-Louis et une pension de six cents francs, faible récompense pour tant de souffrances. Sa carrière militaire semble donc terminée.

Sa dernière garnison avait été Saint-Lô. A la suite d'un séjour aux environs de cette ville, chez sa tante la marquise de Belloy, du Mouriez devint amoureux d'une agréable cousine âgée de dix-sept ans à peine, Mlle de Fontenay de Broissy. Les deux jeunes gens ébauchèrent un roman qui déplut à leurs parents, car ils étaient aussi pauvres l'un que l'autre. Le père de Charles du Mouriez accusa Mme de Belloy d'avoir tendu un piège à son fils; il en résulta une brouille complète. Mlle de Broissy déclara se retirer au couvent, et son cousin avala une fiole de laudanum. Mais aussitôt il réfléchit que le suicide était une lâcheté, et sans attendre que l'on eût apporté un contre-poison, il but toute l'huile de sa lampe. Il en résulta de tels vomissements que du Mouriez guérit. Pour la seconde fois il venait de voir la mort de près.

En froid avec son père à la suite de cet événement, il se mit à la recherche d'une situation. Il eut l'imprudence de s'emporter dans une discussion avec Choiseul et partit brouillé avec le ministre. Les blessures, dont il se ressentait toujours, ne l'avaient pas dégoûté de la carrière militaire. Malheureusement pour lui, l'Europe était en paix; le seul pays où l'on pût guerroyer étant la Corse, du Mouriez s'y dirigea après avoir parcouru l'Italie. Il offrit ses services à la république de Gênes, ensuite à Paoli, enfin au parti ennemi de Paoli.

Il consacra l'année 1766 à parcourir l'Espagne, puis le Portugal, d'où le marquis de Pombal le fit partir. Il écrivit alors sur ce pays un mémoire révélant de grandes aptitudes militaires.

Une aventure le retint à Madrid, adoucissant la tristesse de son premier amour : il séduisit la fille d'un architecte français, puis, pris de remords, songea à l'épouser pour réparer sa faute. Mais Mlle Marquet, persuadée que son amant était appelé aux plus hautes destinées, refusa : « Je ne veux pas, dit-elle, être une entrave dans votre carrière, conservez votre liberté, je ne vous oublierai jamais. » On regrette d'avoir peu de détails sur cette généreuse jeune fille. On sait seulement qu'elle épousa un magistrat espagnol.

Quant à Mlle de Broissy, elle persistait à rester au couvent où elle recevait de fréquentes lettres de son cousin; elle avait d'ailleurs un nouveau motif pour renoncer au monde : à la suite de la petite vérole, elle était complètement défigurée.

Choiseul avait fini par reconnaître l'existence des abus signalés par le jeune du Mouriez au moment de leur brouille. Il dit à son père : « Votre fils est diablement vif; mais j'avoue que j'avais le premier tort. » Charmé par la lecture des rapports du jeune officier, le ministre oublia ses griefs et le nomma maréchal général des logis en Corse. Du Mouriez s'y fit remarquer dans plusieurs occasions, notammment à la prise de Corte.

Il raconte dans ses *Mémoires* une anecdote assez peu connue qui fait honneur au caractère de Choiseul[1]. Il s'était rendu chez le ministre à son passage à Paris afin de le remercier ; c'était une grande audience à laquelle assistait le maréchal de Brissac.

Choiseul vint au jeune homme et dit à haute

1. Voir appendice B un portrait de Choiseul.

voix : « Messieurs, voici un officier avec qui j'ai eu un tort de vivacité il y a quatre ans ; le roi vient de le nommer aide-maréchal général des logis en Corse. Il connaît ce pays et y servira bien. » Du Mouriez fut si surpris qu'il resta muet, et le maréchal de Brissac ne put s'empêcher de lui dire : « Il me semble que tu as plus d'esprit quand on t'injurie que lorsqu'on te loue. »

Nommé lieutenant-colonel en 1768, du Mouriez fit à son retour à Paris une nouvelle tentative pour décider Mlle de Broissy à sortir du couvent. Il la savait défigurée, mais il n'oubliait pas qu'elle était entrée en religion par amour pour lui. Elle lui répondit une lettre commençant par ces mots : « C'est du pied de mon crucifix que je vous écris [1]. » Elle annonçait sa détermination irrévocable de renoncer au monde.

Du Mouriez essaya de s'en consoler en menant joyeuse vie avec Guibert, Favier, Crébillon et Collé. Il refusa de faire la cour à Mme du Barry, ce qui le fit mal voir en haut lieu. Il blâmait un jour devant Choiseul l'ingérence de la favorite dans les affaires de l'État et il avertissait le ministre que Mme du Barry cherchait à lui nuire. « Je le sais, mon ami, répondit Choiseul, mais, que veux-tu, le roi a besoin de maîtresses. C'est

1. WELSCHINGER, le Roman de Dumouriez.

égal, cette coquine me donne bien de l'embarras[1]. » Du Mouriez était très lié avec le célèbre duc de Lauzun, il connaissait aussi depuis son enfance le comte de Broglie l'un des chefs de la diplomatie secrète de Louis XV.

1. Duc de Broglie, *le Secret du roi*.

CHAPITRE II

LA DIPLOMATIE SECRÈTE DE LOUIS XV

Le duc de Broglie a dépeint d'une façon magistrale cette époque où « une frivolité licencieuse s'étale sur le devant de la scène, pendant que le bon sens, la moralité et le patriotisme paraissent réfugiés dans les coulisses ».

Tandis que la diplomatie officielle abandonnait la Pologne à son sort, la diplomatie secrète de Louis XV s'efforçait de prévenir le partage de ce malheureux pays. Il faut rappeler, à la décharge du gouvernement français, que l'armée était désorganisée, le trésor épuisé ; il était donc fort difficile de venir ouvertement au secours de la Pologne.

On sait que l'impératrice Catherine avait fait mettre sur le trône de ce pays son protégé Stanislas Poniatowski[1]. La révolte des patriotes polonais couvait depuis longtemps lorsque Choiseul, en 1770, chargea du Mouriez d'organiser leur résistance et de faire échec à la Russie par tous les moyens possibles. « Je ne vous donne pas d'instructions », dit le ministre. « — Je vous défie bien de m'en donner, riposta le jeune colonel ; vous ne savez pas plus que moi ce qu'il y a à faire. Mais je vous promets de faire grand. »

Du Mouriez passa d'abord huit jours à la cour de Munich, faisant croire qu'il allait prendre du service dans l'armée turque ; pendant ce séjour il acheta des fusils qu'il fit passer en Pologne. Il se disputa à Vienne avec le ministre de France, Durand, surpris d'être traité cavalièrement par ce jeune colonel qui s'improvisait diplomate. Arrivé le 31 juillet 1770 à Eperiés[2], du Mouriez trouva dans les chefs de la confédération « beaucoup de nonchalance et très peu d'ouverture »...

« Je trouvai au contraire dans la comtesse Mniszeck beaucoup d'application aux affaires, d'ouverture apparente et d'envie de me captiver. Comme elle était séduisante, fort aimable et remplie de talents, elle y réussit jusqu'au point où me le permettait ma commission.

1. Voir appendice A, deux notes de Dumouriez sur ce prince et sur le prince Radziwill.
2. Frontière de la Pologne et de la Hongrie.

« On commença par me donner satisfaction, par composer un conseil de guerre de six personnes, mais quand je voulus travailler avec eux, je ne trouvai que mensonges, opposition et ignorance [1]... »

Voici d'ailleurs le portrait qu'il trace des chefs polonais : « Magnifiques, prodigues, polis, insinuants, orgueilleux, amateurs de luxe, galants avec les femmes, légers, doux dans la société, grands parleurs, grands prometteurs, grands menteurs, ignorants, superstitieux,... ils ont en général fort peu d'esprit et encore moins de courage. Ils passent leur vie à faire l'amour, boire, se donner des festins, jouer gros jeu et arranger des complots les uns contre les autres. »

Rapidement désillusionné sur ses collaborarateurs, du Mouriez s'efforça néanmoins de faire réformer l'administration, l'armée et les finances. « Quoique dégoûté des individus, écrivait-il à Choiseul, la cause me paraissait bonne. » Il obtint la suspension du *liberum veto* et entama des négociations avec les Turcs pour les lancer contre la Russie. Il décida le prince de Saxe à équiper une armée, en lui faisant espérer de reconquérir le duché de Courlande con-

1. *Mémoires et rapports sur la Pologne.* Bibliothèque Mazarine, Manuscrits.

fisqué par le gouvernement russe. Réclamant en France des officiers, des sous-officiers et des canonniers, il chargea Miaczinski de lever des volontaires. Il négocia l'achat de 22.000 fusils en Bavière et 13.000 en Hongrie. Bien reçu lorsque les Polonais le croyaient porteur de grosses sommes d'argent, il rencontra un accueil plutôt froid lorsque l'on s'aperçut qu'il avait les poches vides.

Dès le mois d'octobre il se plaignait à Choiseul d'être haï et méprisé par les Polonais. « Ils me sont eux-mêmes devenus odieux, ajoutait-il. Dégoûté des obstacles qu'on mettait à ma mission, j'ay demandé à M. Durand de me permettre de revenir. »

Durand ayant répondu évasivement, du Mouriez se décida à rester. Deux mois plus tard il annonçait qu'il avait fondé « un quartumvirat avec Bohucz, le comte de Patz et le général Sboinsky. La Turquie accorde aux confédérés vingt mille Tartares et trois mille étrangers sous les ordres du colonel Valcroinant. » En marge de cette lettre on lit l'annotation suivante, sans doute de la main de Durand : « Quelle fausseté ; un corps de Tartares aux ordres d'un Franc, d'un chrétien ! Cela est impossible [1]. »

1. *Rapports sur la Pologne.* Bibliothèque Mazarine, Manuscrits, cote 1899.

Peut-être les chiffres étaient-ils exagérés, mais il est certain qu'après un premier succès sur les Russes, du Mouriez comptait absolument sur l'aide des Turcs pour aller attaquer Varsovie, lorsque la disgrâce de Choiseul vint tout remettre en question. Le comte de Follard, ministre de France en Bavière, reçut l'ordre d'arrêter le départ des 22.000 fusils destinés aux confédérés. Brouillé avec la plupart des chefs Polonais qu'il critiquait trop franchement, du Mouriez n'était plus soutenu par le gouvernement français. Il écrivit au duc de la Vrillière chargé par intérim des Affaires étrangères : « Le maréchal de Belez et le prince Sapieha pouvaient seuls être à la tête d'un plan régulier. Ils ont été sacrifiés ainsi que moi à la jalousie des autres chefs... Je tromperais la confiance de Sa Majesté si je l'engageais à prêter son appui à une pareille guerre. »

N'ayant pas obtenu son rappel, du Mouriez écrivait à Linguet : « Qu'on me rappelle ou qu'on m'ordonne de rester, si je vois qu'on me subordonne à des ministres subalternes, qu'on me gronde sur les événements, qu'on ne me paye pas et qu'on ne m'écoute pas, je partiray au mois de septembre. »

Bientôt du Mouriez fut avisé secrètement par le marquis de Chauvelin qu'il était remplacé par le baron de Vioménil. Celui-ci arriva deux mois plus tard ; prévenu par le duc d'Aiguillon contre du Mouriez, il se montra d'abord très froid avec le jeune colonel, mais au bout de quinze jours ils se séparèrent les meilleurs amis du monde et l'hiver suivant Vioménil écrivait à du Mouriez : « Plus je vois cette affaire, plus je vous rends justice sur tout ce que vous aviez fait... Vous avez eu des vivacités qui vous ont nui... vous avez renoncé à la Pologne par le seul effet de votre indignation et sans trop réfléchir que vous choquiez et la maison que vous abandonniez et le ministre qui ne voulait pas qu'elle fût abandonnée, mais toutes ces fautes, mon cher du Mouriez, font partie de votre caractère qui est vraiment honnête et qui ne souffre même pas l'apparence de la mauvaise foy[1]. »

Du Mouriez quitta sans regrets la Pologne où la peste sévissait et revint à petites journées en visitant l'Allemagne.

Mal reçu à son retour par le duc d'Aiguillon, il lui répond avec fierté et s'en fait un ennemi.

— Vous me bravez, lui dit le ministre ; vous êtes une créature de M. de Choiseul.

1. *Rapports et mémoires sur la Pologne*. Bibliothèque Mazarine, Manuscrits, cote 1899.

Les éditeurs des *Mémoires de Dumouriez* ont écrit par erreur que ces rapports sur la Pologne avaient été détruits en 1793.

— Je suis une créature de Dieu et de mon épée ; cette épithète ne convient qu'à vos valets.

— Je vais vous faire mettre à la Bastille.

Nous verrons comment cette menace fut plus tard mise à exécution.

Du Mouriez était en fort bons termes avec le ministre de la Guerre, le comte de Monteynard. Ayant appris, on ne sait comment, l'échec des négociations du duc d'Aiguillon avec l'Angleterre en 1772, il courut en avertir Monteynard afin de jouer pièce au ministre des Affaires étrangères. Le ministre de la Guerre bondit mais se trouva fort embarrassé[1]. Du Mouriez lui proposa alors de lever des volontaires à Hambourg en prévision d'un débarquement en Suède. Cette proposition fut transmise au roi et acceptée, sous la condition que le duc d'Aiguillon n'en saurait rien. Du Mouriez objecta que ce ministre finirait par l'apprendre : « Il est plus puissant que nous, dit-il à Monteynard ; le roi nous abandonnera, et moi je serai pendu. Il faut au moins que le roi m'en donne l'ordre lui-même[2]. »

Louis XV consentit à donner des instructions verbales à du Mouriez. Il fut convenu que sa correspondance secrète serait adressée à Ségur,

1. Duc DE BROGLIE, *le Secret du roi.*
2. *Id.*

le comte de Broglie étant tenu à l'écart de cette mission.

N'est-il pas piquant de voir le souverain mener de front trois diplomaties, tandis qu'on le croit uniquement occupé de ses plaisirs! D'abord la diplomatie officielle dirigée par le duc d'Aiguillon; puis une diplomatie secrète dirigée par le comte de Broglie; enfin des missions mystérieuses, et des agents secrets ignorés de Broglie et du ministre, et s'ignorant les uns les autres.

Favier et du Mouriez étaient trop liés pour ne pas découvrir qu'ils avaient tous deux une mission secrète. Celui-ci demanda à son ami une lettre d'introduction auprès du prince Henri de Prusse. Il voulait profiter de son voyage pour aller remercier Brunswick des soins reçus après la bataille de Clostercamp.

Du Mouriez commença son expédition par un séjour à Bruxelles où il organisa une série de fêtes avec quelques magistrats disgrâciés pour avoir résisté à Maupeou. Cette imprudence fut aussitôt signalée au duc d'Aiguillon. Se demandant ce qu'allait faire du Mouriez à l'étranger, le ministre donna l'ordre de le surveiller.

Au milieu de ses plaisirs, le voyageur était à l'affût des nouvelles politiques et les apprenait parfois à Monteynard surpris d'être moins bien informé que du Mouriez. Le 3o avril il annonce au ministre que le comte de Broglie est décidément brouillé avec le duc d'Aiguillon. « Il a gagné et entraîné une partie de ses sous-ordres, et comme la fourmi n'est pas prêteuse, c'est Beaujon qui paie. »

« La comtesse travaille aussi contre lui, mais elle est arrêtée par la crainte d'une autre cabale que voici : Le parti de Chanteloup veut vous donner pour successeur M. de Vogüé. On donne la Marine à d'Ennery et les Affaires étrangères au comte de Guines [1]. »

Dès le lendemain de son arrivée à Hambourg, pour ne pas avoir l'air de se cacher, du Mouriez se fit présenter par M. de Lesseps au baron de la Houze, ministre de France [2]. Le duc d'Aiguillon avait donné l'ordre de surveiller la correspondance du voyageur. Rien de suspect au début : Guibert adresse à son ami des renseignements politiques sur la situation de la Russie. Favier raconte que sa maîtresse est froissée de ce qu'il n'y ait jamais un mot pour elle dans les lettres de du Mouriez. « Tu sais que je ne suis pas jaloux, mais elle est fort sensible à ton oubli... Sophie t'aime toujours, et moi aussi.

1. *Archives du marquis de Chabrillan.* Papiers du duc d'Aiguillon, 1773.
2. Voir appendice E.

Je lui ai fait ta commission. Elle m'a tiré un pied de langue. »

Mais bientôt la police découvre que Ségur et Favier envoient à du Mouriez toutes les nouvelles scandaleuses de la cour de Louis XV avec des épithètes et des expressions que nous ne pouvons pas reproduire ici. Il est d'ailleurs assez difficile de s'y retrouver à cause des surnoms donnés à tous les personnages. Ainsi le roi s'appelle *le chef de la librairie;* le duc d'Aiguillon, *le charlatan;* la comtesse du Barry, *l'entourée;* le cardinal de Rohan, *le vieux rocantin;* Louis de Rohan, *Blondin;* Mme de Marsan, *la tante de Blondin;* le comte d'Artois, *Don Gabriel;* le Dauphin, *le successeur de Rozemberg;* le comte de Mercy-Argenteau, *Don Quichotte;* Guibert, *le connétable;* du Mouriez, *le petit tigre.*

Plus tard les surnoms changent : le roi devient *le sergent-major*, le duc d'Aiguillon *le vilain* ou *slimulin*, etc.[1].

Le 6 juillet, Favier annonce que le mariage en question (celui du comte d'Artois) va se conclure. « Le public accoutumé à voir entasser sottises sur sottises n'en est point surpris...

« La future[2] est très jolie et l'on a déjà en

---

1. *Archives du marquis de Chabrillan.*
2. Marie-Thérèse de Savoie.

vue de s'en servir pour dépouiller l'autre...

« Le sergent-major (Louis XV) ayant proposé au comte de Broglie la commission d'aller recevoir la future de Don Gabriel (le comte d'Artois), le Vilain (le duc d'Aiguillon) avança que de pareilles commissions n'appartenaient qu'aux grands. On lut la liste de tous ceux qui l'avaient remplie jusqu'ici. Toutefois il fut décidé que Broglie en était digne. Le Vilain demeura avec sa honte...

« Pour prouver qu'il était un des plus zélés partisans d'un mariage qu'il avait d'abord traversé, le Vilain a tenté de faire souper le Dauphin et son épouse avec le chef de la famille, la favorite et sa cour... Le Vilain a échappé à tous les écueils qui semblaient rendre sa perte inévitable. »

On juge de la colère causée au ministre par cette correspondance; Favier racontait ensuite qu'il y avait au Parlement « un tapage du diable au sujet d'une affaire entre Beaumarchais et La Blache. « On prétend que la femme du rapporteur, Mme Goesmon, a reçu de l'argent pour faire prononcer en faveur de l'un des deux...

« On veut poursuivre Beaumarchais comme suborneur et corrupteur de la justice (quoiqu'il ait perdu son procès). On lui fera un mauvais parti s'il ne trouve pas son salut dans les diverses friponneries de ce juge... Le comte du Barry est brouillé avec le duc d'Aiguillon ; celui-ci n'est pas trop bien avec les demoiselles du Barry...

« La femme du concurrent[1] est une singulière figure de quarante ans au moins, habillée et coiffée en caricature de bergère ; si son mari avait réussi, toute l'autorité du Sénat et toute la garnison sous les armes n'auraient pu empêcher les petits enfants de courir après elle dans les rues en sortant de chez le Patron (Monteynard) qu'elle avait excédé... Ce n'est pas une mégère, c'est une méduse... »

Le récit suivant[2] d'un déjeuner à la campagne chez un personnage dont nous n'avons pas découvert l'identité, ne manque pas de pittoresque.

« Nous vîmes arriver trois femmes en carrosse, aussi laides les unes que les autres... L'ancienne maîtresse du Golilla était grosse jusqu'au menton... elle saisit le Golilla au collet et déclara qu'elle ne bougerait de là qu'on ne lui eût donné de quoi payer son logement et retourner avec sa famille à Montauban, l'accablant des plus grosses injures et des épithètes les plus infâmes. Le trouble fut général par toute la mai-

1. Probablement Mme de Saint-Germain.
2. Ségur à Dumouriez, 21 juillet. *Archives du marquis de Chabrillan.*

son; les deux frères accoururent et tout le monde à la suite. Elle écumait de rage. Jamais grenadiers, dragons, cochers, blanchisseuses, n'ont vomi de pareilles infamies. Cette effrontée, assise dans un fauteuil, criait, pleurait, se lamentait, personne n'osait approcher de son ventre qui effrayait les plus hardis.

« Vainement Poupon (Favier) et moi, après avoir écarté tout le monde, nous épuisâmes de beaux discours. Il fallut envoyer chercher la maréchaussée, mais elle était absente. Enfin après bien des promesses, d'offres de caresses et d'embrassades, je parvins à éconduire cette troupe endiablée... Si nous ne rompîmes pas les os à ces femmes, c'est par égard pour la patronne. Je fis dresser procès-verbal par le juge du lieu pour le remettre au lieutenant de police; mais comme ce magistrat n'est pas ami de l'intéressé et qu'il protège au contraire l'effrontée, je n'ai pas obtenu justice. »

Tout en plaisantant, les trois amis ne perdaient pas de vue leur but, c'est-à-dire le renversement du ministère d'Aiguillon.

Ils s'entendaient avec Broglie et les Rohan pour y parvenir. Favier recommandait à du Mouriez de planter là sa mission et de revenir à Paris dès que Blondin (le prince Louis de Rohan) lui annoncerait son arrivée dans la capitale. Il souhaitait de voir Blondin hériter bientôt du vieux rocantin (le cardinal de Rohan).

« Le Charlatan (d'Aiguillon) est toujours là avec son opium; on en prend une dose et on retombe en léthargie...

« Le chef de la librairie (Louis XV) nous connaît nom par nom et nous avons sa permission tacite...

« Je me souviens de la maxime du marquis des Issarts qu'il ne faut compter sur l'amitié des gens qu'autant qu'on est sûr de leur être utile ou agréable.

« Je crois avoir vu que l'objet de ton voyage avait percé, qu'on se l'était même grossi, et que nos liaisons m'auront fait regarder comme complice de la conjuration. On m'a fait espionner, on a su qu'à Versailles je logeais chez toi et qu'à Paris nous ne nous quittions pas, tu t'en f... et moi aussi.

« Ton patron (Monteynard) paraît assez bien en selle et je ne crois pas aux bruits qui courent sur son compte. »

13 août. — « Le Charlatan avait donné si longtemps des soporifiques que le réveil en est plus douloureux. L'homme pour qui tu t'intéresses triompherait de tout cela si, de son côté, il était plus adroit et plus leste. Mais tu sais

qu'il danse avec des sabots sur un fil d'archal et tout ce qu'il peut faire c'est d'éviter une lourde chute...

« Je ne sais si le connétable (Guibert) n'est pas un peu susceptible d'un amour-propre si exclusif qu'il ne souffrirait volontiers ni talents ni réputation dans la même carrière.

« Tu te récries toujours contre la livrée ; mais, crois-moi, il ne porte que celle de l'égoïsme et de la prétention... Sois sur la réserve dans ton intimité avec lui.

« Scipion te donnera des nouvelles du ménage Colombat [1]. Tu connais la douceur, la candeur de la petite pigeonne ; elle se remplume tous les jours et le pauvre pigeon est bien dépenaillé. Nous sommes occupés d'une affaire qui lui fera reprendre son vol vers le colombier natal... La colombe n'est pas fidèle dans aucun sens. »

« De son côté Ségur racontait que la comtesse du Barry, très faible, tourne à tous les vents comme la girouette de Séville...

« Golilla a pour concurrent le grand de Saint-Germain qui a la réputation d'un insigne fripon : Ainsi vous ne douterez pas qu'il soit promptement placé [2]. »

Dans d'autres lettres le roi est traité de « Gri-

1. Nous n'avons pu découvrir le vrai nom de Colombat.
2. *Archives du marquis de Chabrillan.* Voir appendice C.

bouille qui se jette à l'eau de peur de se mouiller. Il est toujours le dernier à savoir ce qui se passe dans son ménage ».

Le récit de la présentation de la vicomtesse du Barry à la Dauphine par sa tante, la comtesse du Barry, donnait lieu à de piquantes remarques sur les amours de Louis XV [1].

De son côté, du Mouriez racontait fidèlement les potins recueillis sur la cour de Russie; il y mêlait des réflexions sérieuses, prédisant déjà la Révolution française : « Je vous ai écrit que je donnais jusqu'à 1780 pour la grande révolution du royaume. Il est temps que cette léthargie cesse, sans quoi le réveil sera funeste, autant à l'extérieur qu'à l'intérieur. »

Déjà se manifestait chez du Mouriez cet amour de la liberté et de l'indépendance qui devait lui faire prendre parti en 1789 pour les idées réformatrices. Ainsi il écrivait à un ami du duc de Choiseul : « On m'a accusé d'être la créature de Choiseul; ce mot m'a choqué; je ne le suis que de Dieu et de l'État. Je sais bien que tout le monde porte la livrée; je suis ridicule en ne me conformant pas à mon temps. Mais peut-être aussi ai-je pris le meilleur parti. »

1. Nous n'avons pas retrouvé ces lettres auxquelles fait allusion le duc de Broglie dans *le Secret du roi.*

Du Mouriez était de toutes les fêtes à Hambourg; les Français de passage allaient chez lui avant de se présenter chez M. de La Houze. Il n'était donc pas difficile aux espions de le surveiller.

La police du duc d'Aiguillon intercepta notamment une demande d'audience adressée au roi de Prusse; du Mouriez avait en effet rapporté de la guerre de Sept ans une grande haine contre l'Autriche et une grande admiration pour la Prusse.

Dès lors son affaire était claire: crime de lèse-majesté et négociations clandestines avec l'étranger.

D'Aiguillon s'empressa d'écrire la lettre suivante à M. de La Houze [1].

Compiègne, 14 août 1773.

« Le roi, croyant nécessaire au bien de son service de faire arrêter le sieur du Mouriez, charge le sieur d'Hémery de vous porter ses instructions sur cet objet.

« Pour éviter tout danger de voir le secret trahi, le roi juge à propos que vous ne préve-

1. Archives du ministère des Affaires étrangères, *Correspondance de Hambourg*, supplément.

niez point le Sénat de vos ordres et que vous ne lui fassiez votre réquisition qu'au moment où l'exécution pourra être prompte et efficace. »

En effet il était délicat de procéder à une arrestation dans un pays neutre, puisqu'il s'agissait d'un délit politique. D'Aiguillon écrivit cependant au sénat de Hambourg :

« Très chers et bons amis.

« Des raisons d'État m'engagent à faire mettre sous bonne garde et à faire conduire en France le colonel du Mouriez... je vous prie de donner vos ordres en conséquence. »

Le prestige de la monarchie française était alors si grand que les « bourguemaîtres » et sénateurs de Hambourg s'empressèrent de répondre : « Pénétrés de joie d'avoir trouvé par la réquisition de Sa Majesté pour le saisissement de M. le chevalier du Mouriez, une petite occasion de donner des preuves de notre zéle et de notre soumission aux ordres de Sa Majesté, etc... »

D'Aiguillon recommanda que tous les papiers de du Mouriez fussent saisis et remis au ministre plénipotentiaire. « Le lieu le plus convenable pour y transférer le prisonnier serait l'hôtel du ministre. Celui-ci procédera seul en présence de du Mouriez à la visite de ces papiers. Il en dressera un inventaire et fera apposer son cachet et celui du prisonnier sur toutes les liasses, ainsi que sur les boîtes, portefeuilles ou malles où ils seront enfermés pour être envoyés au roi par un exprès. Le roi désire que cette opération soit faite sans bruit et avec le moins d'appareil possible. Sa Majesté recommande particulièrement ce point à la prudence et à la dextérité du ministre, et d'empêcher que la nouvelle en soit portée en France, faisant à cet effet garder à vue les domestiques de du Mouriez[1]. »

L'arrestation n'eut pas lieu « un beau matin », comme l'a raconté le duc de Broglie, mais d'une manière beaucoup plus mystérieuse.

D'Hémery arriva le 31 août sous le nom de Dubois, négociant, et remit à La Houze les instructions du duc d'Aiguillon. Le ministre de France ne put voir le syndic de Hambourg qu'à neuf heures du soir; il lui demanda pour minuit un capitaine et douze soldats. Le syndic répondit qu'il donnerait autant de soldats que le ministre en désirerait et qu'il viendrait lui-même assister à l'opération.

1. Archives des Affaires étrangères, *Correspondance de Hambourg*, 1773.

La Houze se rendit à minuit chez du Mouriez qui était couché; le colonel se leva et avec l'exquise politesse du dix-huitième siècle, reçut fort gracieusement le ministre sans lui demander le motif d'une visite aussi tardive. Ils bavardèrent pendant une heure; à la fin le syndic et d'Hémery accompagnés du frère de la Houze, s'impatientèrent et frappèrent à la porte.

« Qu'est-ce que tout ce monde? » s'écria du Mouriez. D'Hémery lui fit alors part de sa mission, et La Houze lui dit s'être rendu chez lui afin d'adoucir la douleur qu'il devait ressentir en cette circonstance. Du Mouriez répondit qu'il connaissait trop son devoir pour ne pas se soumettre aux ordres de Sa Majesté; mais il pria La Houze de faire retirer la garde, donnant sa parole de gentilhomme de ne pas s'évader. Le ministre de France saisit une « petite table de chiffres » servant pour la correspondance avec Ségur et Favier, et quatre-vingt-quatre lettres « composant un salmigondis d'intrigues et de politique. Elles ressemblent à une mauvaise pièce de théâtre où l'auteur ferait parler à d'illustres personnages le langage des halles et celui des nouvellistes de café[1]. »

1. Archives des Affaires étrangères, *Correspondance de Hambourg*, 1773.

Du Mouriez requit La Houze de constater qu'il désavouait les lettres qui pourraient lui être adressées pendant son absence, « attendu que des gens mal intentionnés pourraient abuser de la circonstance pour mettre à son adresse des écrits contraires à son zèle pour le service du roi et de l'État ».

Le prisonnier partit le surlendemain avec d'Hémery et le rapport de la Bastille du 13 septembre 1773 est ainsi conçu : « J'ai reçu à sept heures le sieur du Mouriez, chevalier de Saint-Louis, colonel d'infanterie, etc. [1]. »

Le duc d'Aiguillon avait recommandé de saisir les lettres qui parviendraient à l'adresse de du Mouriez après son départ, mais La Houze répondit : « Il n'est arrivé pour cet officier que deux lettres de sa sœur, Mme l'abbesse de Fervacques qui les a fait passer sous enveloppe à l'adresse de M. His. »

Une Hambourgeoise s'était hâtée de faire prévenir Ségur que du Mouriez arrêté lui conseillait de se méfier. La lettre arriva probablement trop tard, mais depuis vingt ans, Mme de Barneval, femme séparée d'un officier du régiment irlandais, avait une liaison avec Ségur; sous prétexte de reprendre un objet chez lui, elle se

1. *Archives de la Bastille.*

hâta de détruire la correspondance de du Mouriez.

Quant à Favier il put faire remettre une liasse de papiers compromettants à M. de Boismartin, secrétaire du comte de Broglie[1].

1. *Archives du marquis de Chabrillan.*

CHAPITRE III

DUMOURIEZ A LA BASTILLE

Le carrière diplomatique de notre héros semble terminée ici comme dix années auparavant sa carrière militaire.

En même temps que lui, Ségur et Favier étaient arrêtés. Une lettre anonyme prévenait le duc d'Aiguillon que du Mouriez, Ségur et Favier dirigeaient « la partie des Affaires étrangères inconnue à monsieur le Duc et indépendante de son ministère....

« Monsieur du Mouriez est l'homme du roi. Favier a eu le temps de brûler ses papiers[1]. »

D'Aiguillon triomphait : il avait découvert une partie de la diplomatie secrète de Louis XV : Il s'efforça de trouver des preuves de la complicité du comte de Broglie ; mais il avait à faire à

1. *Archives du marquis de Chabrillan.*

forte partie. Du Mouriez n'était pas très inquiet
car le roi ne pouvait abandonner ses agents;
mais il se comparait au jeune page de Louis XIV
enfant, que l'on fouettait, dit-on, pour punir son
maître [1].

Au lieu de se troubler et de pleurer comme
Ségur, du Mouriez le prit de haut avec les autorités. A son premier repas il réclama un poulet; on
lui objecta que c'était vendredi. « Qu'importe,
répondit-il, je suis malade : la Bastille est une
maladie; d'ailleurs vous êtes chargé de ma garde
et non de ma conscience. » Quand ses juges lui
demandèrent s'il savait pourquoi il était à la
Bastille. « Je m'en doute, répondit-il; mais c'est
moi qui défends la place; à vous d'attaquer. »

Le lieutenant de police Sartines avait reçu de
Louis XV l'ordre de ménager l'accusé [2]. C'était,
d'après du Mouriez, un homme fin et poli. Il
avertit les prisonniers qu'ils seraient traités avec
égards à condition qu'ils fussent discrets. On
lui donna pour assesseurs Marville, conseiller
d'État, « homme d'esprit mais grossier et gogue-
nard », et Villevault, maître des requêtes, « très

1. Une lettre de Monteynard établissait d'ailleurs que Dumouriez avait une mission du roi : « Sa Majesté trouve bon
que vous continuiez votre voyage en Allemagne. Donnez-
moi souvent de vos nouvelles afin qu'on sache où vous
êtes. » 28 février 1773.

2. BOUTARIC, *Correspondance secrète de Louis XV.*

faux et grand chicaneur ». Ces deux derniers n'étaient pas dans le secret du roi. Les discussions menaçaient quelquefois de mal tourner pour du Mouriez : à son refus de répondre un jour à une question, Marville lui déclara : « Vous êtes un téméraire ».

— « Et j'ai affaire à des brouillons », répondit-il. Sartines s'empressa de rétablir la paix.

A son arrivée à la Bastille, le prisonnier avait appris par le gouverneur, M. de Jumilhac, qu'il ne lui était permis d'avoir aucun livre, « pas même son livre de prières ». Mais M. de Jumilhac ne tarda pas à être sous le charme de son pensionnaire, et prit l'habitude de venir tous les jours lui raconter les nouvelles politiques et mondaines. Puis il lui offrit les romans et les ouvrages récemment parus, en lui recommandant de les cacher soigneusement.

Du Mouriez demanda un jour à ses juges de faire chercher quelques volumes chez lui. Sartines eut aussitôt peur que la police ne découvrît des papiers compromettants et se hâta de dire : « Vous oubliez qu'avant de partir vous aviez prié madame votre tante de vendre vos meubles et vos livres. »

Du Mouriez, étonné d'abord, ne fut pas long à comprendre. Sartines vint le lendemain le remercier d'avoir été discret et mit à sa disposition tous les livres qu'il voudrait[1]. Le prisonnier usa de la permission et se fit envoyer des milliers de volumes, plus instructifs que frivoles. Ainsi le même jour[2] il recevait les œuvres de Cicéron et d'Horace, deux volumes de principes de langue allemande, seize grandes cartes, quatre livres allemands, une vingtaine de récits de voyages et d'ouvrages de philosophie.

Plus tard, comme il parlait au jeune duc de Chartres de plusieurs livres totalement ignorés du futur roi des Français : « On voit bien, lui dit du Mouriez, que vous n'avez jamais été à la Bastille; vous auriez eu le temps de lire. »

Jumilhac apprit à son pensionnaire l'exil de Broglie, la mise à la Bastille de Favier, de Ségur, et de la comtesse de Barneval, maîtresse de ce dernier. Il l'informa que d'Aiguillon avait voulu y mettre Guibert, Mlle Legrand[3] et le baron de Bon. Le bruit s'était répandu que du Mouriez et Guibert étaient allés en Prusse pour faire déclarer la guerre. « Choiseul, disait-on, était le chef du parti et du Mouriez l'agent principal[4]. »

Le prisonnier jugea avec raison que d'Aiguillon plaidait le faux pour savoir le vrai. Sa

1. *Mémoires de Dumouriez.*
2. *Archives de la Bastille*, 24 septembre 1773.
3. Actrice qui avait été du dernier bien avec Dumouriez.
4. Boutaric, *Correspondance secrète de Louis XV.*

sœur, la baronne de Schomberg, lui écrivait :
« Bien des gens t'interrogeront par curiosité.
Sois réservé, il faut te méfier de tout le monde
quoique ce soit pénible pour quelqu'un de sincère. M. de Sartines te recommande la même
réserve[1]. »

Du Mouriez était trop fin pour laisser deviner
ce qu'il voulait cacher. Ses interrogatoires éta-
blirent seulement qu'en se rendant à Bruxelles
il s'était arrêté chez l'abbesse de Fervacques,
puis chez l'abbé Fontaines, son ancien professeur de musique. A Bruxelles il fréquentait surtout M. de la Place, auteur dramatique, et
Mlle Cintry, comédienne. Il voyageait dans le
but de s'instruire et surtout de se distraire, ne
s'occupant pas de politique. On écrivait à Monteynard que les commissaires du procès « n'ont
pu s'empêcher de rire de l'accusation et de convenir que M. le Duc se couvre d'un tort de difficile réparation et sape lui-même la mine qui
doit le culbuter[2] ».

Il était néanmoins prouvé qu'avant de quitter
Paris, du Mouriez avait eu deux ou trois conférences avec Broglie. Celui-ci, fort inquiet depuis
les arrestations, craignait d'être compromis par
quelque indiscrétion. Il avertit Louis XV que

1. *Archives de la Bastille*, 12.435.
2. *Archives du marquis de Chabrillan*.

le duc d'Aiguillon et Mme du Barry avaient réussi à voir plusieurs de ses missives. « Si cette persécution finissait par faire des victimes, j'ose représenter à Votre Majesté que plusieurs de ceux qui participent à la diplomatie secrète pourraient regarder que l'abandon qu'elle aurait fait d'eux serait une preuve qu'elle n'exige plus le secret. Ils se feraient alors un mérite auprès de M. le duc d'Aiguillon de le lui révéler[1]. »

Cette menace déguisée se croisait avec un billet du roi prévenant simplement Broglie que « d'Aiguillon a découvert une correspondance d'un nommé du Mouriez avec Monteynard. Il dit que vous avez été en commerce avec Monteynard. Éclaircissez-moi sur ce que vous pouvez savoir sur tout cela ». Broglie prétendit n'avoir connu du Mouriez qu'au moment de sa mission en Pologne : « Chauvelin m'en a dit beaucoup de bien. Depuis cette époque je ne l'ai vu que deux fois[2] ; il m'a paru avoir beaucoup d'esprit, être fort instruit. Lorsque la chaleur de son caractère sera tempérée par l'âge et l'expérience, je pense que ce pourra être un très bon sujet à employer, tant à la guerre que dans les affaires... Il me

1. *Correspondance secrète de Louis XV.*
2. Georgel prétend au contraire que Dumouriez était alors l'un des secrétaires de Broglie. Dans ses interrogatoires à la Bastille, Dumouriez a avoué avoir eu plusieurs conférences avec Broglie au moment de son départ.

dit voyager pour son compte, mais quinze jours après, M. le baron de Bon me dit que du Mouriez voyageait par ordre de M. de Monteynard, que M. le duc d'Aiguillon ayant eu vent de ce voyage, avait obtenu un ordre de Votre Majesté pour défendre à M. de Monteynard d'envoyer personne en Suède et nommément M. du Mouriez. Son prétexte est que l'arrivée d'officiers français à Stockholm pouvait donner des inquiétudes à la Russie. »

On voit que personne ne s'expliquait franchement : Le roi avait caché à Broglie la mission de du Mouriez. Broglie savait une partie de la vérité mais voulait paraître l'ignorer. Son secrétaire, M. de Boismartin, cachait soigneusement les papiers de Favier et ne voulait l'avouer à personne.

Une lettre saisie par les agents du duc d'Aiguillon affirmait que « la Cour a pris le parti des prisonniers ; le duc sera écrasé... nous aurons bientôt Broglie ou Chauvelin pour ministre. Il est dommage que le premier soit rongé de goutte ; le second est une tête de fer et de fou [1] ».

Cependant, malgré ses efforts, d'Aiguillon n'arrivait pas à tout découvrir. Un jour où, sur sa

1. *Archives du marquis de Chabrillan.*

demande, Marville essayait de faire parler du Mouriez, celui-ci fit un réquisitoire en règle contre le ministre, exposant avec habileté ses fautes politiques. « Mais, objectèrent les juges, tous les actes ministériels passent par le cabinet du roi ; c'est donc sur Sa Majesté que porte tout ce que vous venez de dire contre le duc d'Aiguillon. »

— J'ai appris du roi lui-même, répondit-il, à distinguer sa personne sacrée de celle de ses ministres ; car depuis dix-sept ans Sa Majesté en a renvoyé vingt-six.

Il était impossible avec du Mouriez d'avoir le dernier mot. En attendant, le procès n'avançait pas. Tous les huit jours le prisonnier adressait des réclamations au gouvernement ; Mme de Schomberg faisait également de fréquentes démarches pour obtenir sa liberté. D'Aiguillon lui répondit : « Mais votre frère n'est pas si mal à la Bastille, il y rit toute la journée. »

C'était un peu exagéré, mais du Mouriez savait s'occuper. Il écrivait des ouvrages sur la guerre, la tactique militaire, un essai sur les voyages, etc.[1]. Et surtout il lisait, même la nuit, comme l'atteste le rapport suivant échappé heureusement à la destruction de la Bastille : « Hier 23 sep-

1. Voir, appendice D, un résumé de la brochure de Dumouriez intitulée : *Tableau spéculatif de l'Europe.*

tembre en se couchant, du Mouriez a oublié d'éteindre sa bougie qui est toujours sur sa table, et on y avait mis sa culotte et ses bas, de même que deux serviettes où le feu a pris, ce qui a produit de la flamme et qui a réveillé le prisonnier qui a été prendre sa cruche qu'il a versée dessus et qui a fait finir *cette* incendie. Cela n'arrivera plus parce qu'il se servira de (ici un mot illisible) [1]. »

Ayant découvert que les paniers de bois destinés à Favier restaient une partie de la matinée dans la cour de la Bastille, du Mouriez se mit à correspondre avec son ami en cachant ses lettres au milieu des bûches.

Le crédit fixé pour la nourriture du prisonnier était de dix livres par jour [2]. On lui servait cinq plats le matin et trois le soir. Le bon M. de Jumilhac y ajoutait des vins fins et des desserts. Ainsi que le remarque du Mouriez dans ses Mémoires, s'il s'était laissé prendre dans les prisons de la liberté, il aurait été moins bien traité que dans celles de la tyrannie !

Sa seule souffrance consistait à ne pouvoir sortir que dans les cours de la Bastille. « Mes domestiques, écrivait-il à Jumilhac, ont la

1. *Archives de la Bastille.* Dossier Dumouriez 1773 B.
2. FUNK-BRENTANO, *Dumouriez à la Bastille*, revue rétrospective, t. XX.

permission de se promener… cela me donne des démangeaisons terribles. Mettez-vous à ma place — non, restez à la vôtre, j'y perdrais trop si vous ne l'occupiez pas. »

Pendant ce temps, Broglie, tenu au courant des interrogatoires de la Bastille, continuait à accabler Louis XV de lettres : « Votre Majesté sait parfaitement ce que M. d'Aiguillon a dit et fait contre moi. Depuis vingt et un ans je travaille dans le silence et l'obscurité, sans cesse occupé du secret de Votre Majesté[1]. »

Il rappelait ensuite la difficulté qu'il avait eue à ne pas livrer le secret à Mme de Pompadour.

Enfin en janvier 1774 le roi dit : « Voilà longtemps que ces gens souffrent, ils ne sont guère coupables, il faut en finir. » Ségur, auteur des lettres irrespectueuses, fut envoyé dans un fort des Pyrénées ; du Mouriez, coupable seulement de les avoir reçues, fut interné au château de Caen. Il versa des larmes en quittant M. de Jumilhac qu'il déclara aimer comme le père le plus tendre[2] ; le gouverneur de la Bastille le força à accepter un prêt de dix mille livres.

Le régime des prisonniers de Caen ne ressem-

1. Lettre de Sartine à Jumilhac.
2. FUNK-BRENTANO, *Dumouriez à la Bastille*, revue rétrospective, t. XX.

blait en rien à celui de nos détenus politiques :
« Au lieu d'une cellule, du Mouriez avait plusieurs chambres fort propres et un joli jardin ».
On l'autorisait à se promener toute la journée
dans la ville. « J'ai fort bonne compagnie dans
mon château, écrivait-il à sa sœur. D'abord, j'y ai
trouvé Mme de Bretteville [1] et Mme Desmoulins,
sœurs de M. de Montaney. Nous faisons beaucoup de reversis. J'ai d'ailleurs un temps su-
perbe, la plus belle position du monde, et les
visites fréquentes de beaucoup de dames de la
ville, qui, vanité à part, trouvent le petit prisonnier assez gay et complaisant. Je lis, je
chante, je me promène. Mme la vicomtesse de
Mathan qui demeure aussi dans le château, est
pleine de talents, aimable et jolie [2]. »

Par un hasard singulier, Mlle de Broissy,
n'ayant pu supporter la règle sévère de son couvent, était entrée à Caen dans un ordre moins
rigoureux. Du Mouriez était toujours hanté de
l'idée qu'il était un peu responsable de la perte
de cette santé si chère [3]. Il courut au couvent et
trouva sa cousine défigurée et d'une maigreur
effrayante. Il se jeta dans ses bras en s'écriant :

1. Cousine de Charlotte Corday.
2. 28 mars 1774.
3. Son amour, dit-il dans ses Mémoires, avait fait place à
une affection très tendre.

« Comme tu es changée : mais je t'aime toujours. » L'émotion donna à Mlle de Broissy une fièvre miliaire ; son cousin obtint de la supérieure l'autorisation de soigner la malade, à condition d'être toujours parti à huit heures du soir [1]. — On voit que la règle du couvent n'était pas d'une rigueur excessive. Il en résulta que Mlle de Broissy, après avoir inutilement conseillé à du Mouriez de se faire moine, consentit à l'épouser. Elle n'avait pas en effet prononcé encore ses vœux définitifs.

Il ne restait plus qu'à sortir de cette prison si accommodante. La mort de Louis XV survint à propos.

L'abbé Garanger, chargé de prononcer le panégyrique du roi, vint demander secours à du Mouriez dont il connaissait l'intelligence et la facilité de travail. Celui-ci trouva original de faire l'éloge du souverain qui avait récompensé ses services par la prison.

Puis il écrivit au comte de Vergennes, appelé par Louis XVI au ministère. Malheureusement le célèbre diplomate ne se pressait pas de revenir de Suède. Du Mouriez met alors Mme de Schomberg en campagne : Il rappelle à sa sœur que M. de Vergennes « qui est un très honnête

1. WELSCHINGER, le Roman de Dumouriez.

homme, impartial, et plein d'esprit, a déjà quelques connaissances de mon affaire par La Houze… J'ai écrit à M. du Muy pour le prier de ne pas m'oublier… Si mes affaires traînent en longueur, je demanderai la ville pour prison, car l'hiver l'air du château est trop vif pour mes blessures. »

Avant d'être ambassadeur, Vergennes avait fait partie de la diplomatie secrète. Il connaissait un peu du Mouriez, et s'empressa de le faire remettre en liberté en lui restituant son grade de colonel. Son rapport[1] conclut à « réparer le tort causé à la réputation de citoyens non moins distingués par leur intelligence, l'honnêteté de leurs sentiments et la sûreté de leurs principes, que par les titres de leur naissance et de leurs dignités[2] ».

Enfin, au début d'août, Mme de Schomberg reçut le billet suivant : « Je suis libre, chère sœur, et sçais tout ce que je te dois à ce sujet. Je pars après demain, passant par Pont-Audemer[3]. J'irai de là te sauter au cou ainsi qu'à Schomberg et à tes enfants. »

Longtemps après, le comte de Broglie continuait à adresser des plaintes au roi et à réclamer

1. 24 avril 1774.
2. Ségur, *Politique des cabinets d'Europe*, t. I.
3. Mlle de Broissy l'y attendait.

des récompenses pour les services rendus par la diplomatie secrète. Louis XVI finit par écrire à Vergennes[1] :

« J'avais dit à M. de Sartines que je regardais l'affaire de la Bastille comme finie et que je ne voulais plus en entendre parler. D'ailleurs on avait fait un monstre d'une très petite affaire ; je vous recommande de prendre tous les papiers et chiffres. Ce n'est pas que je croie que M. de Broglie en ferait un mauvais usage, mais tout cela doit être au dépôt des Affaires étrangères et non chez des particuliers.»

Les papiers du duc d'Aiguillon mentionnent la date où cette correspondance a été déposée aux Affaires étrangères[2] ; mais elle a disparu ; le ministre disgracié avait heureusement conservé un certain nombre de copies. Mme la marquise de Chabrillan, avec beaucoup de complaisance et d'amabilité, a bien voulu me communiquer les archives de son aïeul.

1. 3 mars 1775.
2. 19 mars 1775.

CHAPITRE IV

LE MARIAGE DE DUMOURIEZ

Du Mouriez avait toujours la bourse vide et Mlle de Broissy n'avait presque pas de fortune. Il fallut vendre cinq mille volumes de la bibliothèque pour payer les frais du mariage. Enfin après avoir langui onze ans, les deux amoureux s'épousèrent le 13 septembre 1774, anniversaire de l'entrée de du Mouriez à la Bastille.

Ici devrait s'arrêter le roman de du Mouriez; mais nous devons à la vérité d'ajouter que les époux ne furent pas heureux; ils n'eurent pas beaucoup d'enfants heureusement, car leur séparation en fut plus facile. Ces cousins qui s'étaient tant aimés de loin, ne tardèrent pas à se prendre en grippe quand il leur fallut vivre ensemble. Mlle de Broissy avait un caractère fort difficile, aigri par une mauvaise santé. Puis sa dévotion exagérée ne pouvait prendre son parti des idées de son mari : sans être hostile à la religion, du Mouriez professa une partie de sa vie un grand scepticisme. Il assistait néanmoins avec correction à la grand'messe quand il fut nommé commandant de place à Cherbourg, puisque l'on a retrouvé les pièces d'un procès soutenu par lui afin d'occuper le premier banc de l'église et non le deuxième [1].

Les marguilliers avaient usurpé le premier rang parce que pendant deux ans Cherbourg n'avait pas eu de commandant de place. Du Mouriez engagea de longues discussions, faisant observer que les marguilliers donnaient au premier banc un détestable exemple, bavardant et se tenant sans recueillement. Il finit par avoir gain de cause.

D'ailleurs le scepticisme de du Mouriez n'était qu'intermittent puisque dans sa correspondance il parle de ses efforts pour convertir un colonel suisse incrédule, en lui prouvant la religion par les miracles [2].

Les nouveaux mariés avaient passé les premières semaines de leur union chez l'abbesse de Fervacques. Les deux belles-sœurs furent bien-

1. Collection Ch. Renard (autographes), *Mosaïque de l'Ouest*, année 1844.
2. Collection Labouchère, manuscrits, 24 décembre 1765, Bibliothèque de Nantes.

tôt complètement brouillées. Lorsque Mme du Mouriez prit la direction de la maison de son mari, elle ne put trouver de domestiques satisfaisant à ses exigences ; elle en renvoya successivement cent vingt, y compris le fidèle Baptiste qui avait partagé la captivité de du Mouriez et dont nous reparlerons à propos de Jemmapes.

Du Mouriez avait demandé à être envoyé en mission à Cherbourg. Il y rédigea sur la défense des côtes françaises des rapports très remarqués qui lui valurent sa nomination de commandant de place dans cette ville[1]. C'est à lui que revient l'honneur d'avoir créé ce grand port maritime[2]. Cherbourg n'avait alors que 7.3oo habitants ; du Mouriez y était somptueusement logé pour 1.8oo francs.

Louis XVI lui alloua en 1786 une pension de trois mille livres parce que du Mouriez avait été obligé de louer et de meubler une maison pour accueillir les personnages importants qui visitaient Cherbourg et « ne trouvaient pas dans cette ville la ressource d'une auberge supportable ». Le roi vint cette même année examiner

1. 1ᵉʳ mars 1778.
2. Vauban avait laissé dans ses papiers un projet de port que Dumouriez jugeait excellent mais qui ne plaisait pas au ministère. Le plan de Dumouriez, qui fut adopté, était plus grandiose.

les premiers travaux du port, et exprima sa satisfaction à leur auteur. La Révolution suspendit l'exécution des plans de du Mouriez mais les travaux furent repris sous l'Empire.

Parmi les visites que reçut alors le commandant de Cherbourg il faut signaler celles de Boïeldieu, d'Isabey, et du maréchal de Castries.

Il étudia longuement un projet de conquête de l'Angleterre en se servant de Cherbourg comme base d'opérations.

Parfois, se souvenant de ses anciennes missions secrètes, il disparaissait en changeant de nom et de costume : On voyait un respectable ecclésiastique lire son bréviaire aux abords des forteresses anglaises et flâner sur les ports; de temps en temps il griffonnait sur un carnet, sans doute quelques pieuses pensées... La police britannique ne se douta jamais qu'il s'agissait d'un plan d'invasion de l'Angleterre. En revanche la police prussienne se montra plus méfiante, car en 1787 le duc de Brunswick donna l'ordre d'arrêter son indiscret ami, et du Mouriez n'eut que le temps de s'échapper. Il fit également des voyages d'études dans les Pays-Bas en 1785 et 1786.

Ainsi qu'on se l'imagine, Cherbourg était alors une garnison fort ennuyeuse. Pendant dix ans,

du Mouriez n'eut d'autre diversion que son travail à ses discussions de ménage. Il regrettait
amèrement sa liberté perdue, et ne prenait pas
son parti d'avoir une femme maussade et défigurée. Il avait trop présumé de sa constance;
un jour ou l'autre il devait chercher et trouver
des consolations.

Voici le portrait que les historiens ont tracé
de lui : Sa tête spirituelle, où brillaient des yeux
pleins de feu, révélait sa véritable origine,
la Provence. Personne n'avait plus d'esprit,
plus de connaissances dans les genres les plus
différents. Sa bouche était fine et gracieuse, son
front large et son nez aquilin. D'après Charles IV,
roi d'Espagne, ses yeux étaient ensorcelants[1].
Il avait la politesse et la grâce de l'ancienne
monarchie. Ceux qui l'approchaient étaient
éblouis et fascinés[2].

Il est vrai que selon d'autres auteurs[3] son signalement est tout différent : sa figure est commune, sa bouche grande, l'œil petit et faux, le
teint sombre, la démarche brusque, etc. D'après
le comte de Mesnard, du Mouriez était « petit,
fort laid quand il ne dit rien, mais, quand il
parle, sa figure prend tour à tour une expres-

1. « Ojos endiablados ».
2. Michelet, Lamartine, Chuquet, etc.
3. *Grande encyclopédie*, Feuillet de Conches, etc.

sion fière ou gracieuse et ses yeux pétillent d'esprit[1] ».

Nous ignorons comment il fit la connaissance d'une sœur de Rivarol ; parmi les historiens, les uns ont soutenu qu'elle était fille d'un aubergiste de Bayonne et s'appelait la baronne d'Angel. D'autres affirment qu'elle appartenait à une excellente famille et s'appelait la comtesse de Barruel-Beauvert. En réalité, M. de Rivarol ayant peu de fortune et beaucoup d'enfants, avait eu l'idée d'acheter un hôtel à Banyuls et de l'exploiter. Un jour le comte d'Eu, après avoir fait un déjeuner assez simple, trouva le chiffre de l'addition tellement exagéré (60 livres) qu'il porta plainte contre l'hôtel et le fit fermer.

L'un des gendres de M. de Rivarol, M. de Barruel-Beauvert, appelé à tort baron d'Angel[2], était neveu du rédacteur des *Actes des Apôtres*. Il paraît avoir eu un rôle très effacé — si effacé que M. Lebreton[3] se demande s'il a vraiment existé. Le seul renseignement que nous ayons pu recueillir sur lui c'est qu'il a été guillotiné en 1793, ce qui n'empêche pas l'acte de décès de Mme de Barruel-Beauvert de porter la mention : « Mariée à M. de Barruel, absent sans nouvelles

1. *Souvenirs du comte de Mesnard.*
2. LESCURE, *Vie de Rivarol.*
3. LE BRETON, *Rivarol*, 1895.

(1824). » Cette absence de nouvelles n'avait rien de surprenant.

On s'accorde à reconnaître que Mme de Barruel était aussi charmante que Mme du Mouriez était laide. Elle joignait l'esprit des Rivarol à un caractère original et ambitieux. Le commandant du port de Cherbourg en devint amoureux, et bientôt commença une liaison qui devait durer trente-deux ans.

Mme du Mouriez ne tarda pas à l'apprendre, fit une scène plus violente que les autres, et raconta ses griefs à toute la ville de Cherbourg. Du Mouriez exaspéré donna à sa femme le conseil de retourner au couvent d'où elle aurait mieux fait de ne jamais sortir. Par une contradiction singulière, il l'avait suppliée pendant dix ans de quitter la vie religieuse, et maintenant qu'il s'efforçait de lui faire reprendre le voile, Mme du Mouriez ne s'en souciait plus du tout. Leurs revenus venaient de subir une diminution et leur train de vie dépassait leurs moyens. Le colonel prit le parti de vendre ses chevaux et ses voitures et de renvoyer le cuisinier; puis il s'absenta. Cette fois, Mme du Mouriez dut se soumettre, mais non sans se plaindre à tous les échos.

Un ami de du Mouriez lui écrivait le 6 mai 1789 : « On a pris malheureusement beaucoup trop de confidents et cela est devenu trop public ; trop de monde se mêle de cette affaire. Le peuple féminin n'est pas pour vous. » Le curé de Cherbourg le suppliait de revenir « dans les bras de sa vertueuse épouse ».

Un aide de camp du colonel, allant voir Mme du Mouriez, raconte qu'il y trouva le curé et deux dames. « Quand j'ai vu qu'on se tenait sur la réserve et qu'on ne me disait rien, j'ai levé le siège... M. Deshayes [1] est convenu que le mal est sans remède, Mme du Mouriez ayant donné à cette circonstance l'éclat le plus indiscret en exposant ses griefs et ses doléances à son assemblée. »

Pour sa défense, Mme du Mouriez soutint à son mari que : « Tout le monde savait ici bien longtemps avant moi que vous aviez une maîtresse affichée à Paris, qu'elle était fille d'un ancien obergiste à Bayonne, qu'elle a ruiné plusieurs victimes de leur crédulité... Il a été facile après cela lorsqu'on a su que je cherchais un couvent, d'en deviner le pourquoi. Voulez-vous donc que le public vous approuve sous le spécieux prétexte de prétendus défauts de caractère que vous avez bien supportés pendant quinze ans, et que vous démentez par plus de deux cents

1. Commissaire de la marine à Cherbourg.

lettres et des vers charmants que vous me faisiez chaque année et encore en 1788[1] ? »

De semblables reproches ne suffisaient pas pour ramener du Mouriez à son foyer. Les plaintes de sa belle-mère et de sa belle-sœur montrent combien il était aimé et apprécié : « Je ne puis m'imaginer, écrit Mme de Belloy, qu'un être aimable qui s'est mérité jusqu'à présent l'estime universelle, une gloire sans bornes, la réputation du plus tendre mari, puisse renoncer à toutes ses honorables prérogatives. » Sa belle-sœur lui adresse un billet encore plus affectueux : « Après la perte d'un mari que j'adorais, tout l'univers m'eût abandonnée que je me serais crue encore forte et heureuse si nous eussions vécu tellement rapprochés les uns des autres que nous n'eussions formé qu'un cœur et qu'une âme...

« Au milieu de mes répugnances sur le parti du couvent pour ta femme, je me suis donné tous les soins imaginables pour en trouver un convenable. En voilà au moins quarante-six que nous parcourons sans succès[2]. »

Mme du Mouriez ayant demandé à se retirer à Paris afin de s'y ennuyer moins qu'en province, le colonel s'adressa à un correspondant mysté-

1. *Archives nationales*, F7 4692.
2. *Archives nationales*, F7 4692.

rieux dont les lettres signées M tenaient du Mouriez au courant de toutes les nouvelles politiques [1].

« Je regrette, lui répond cet ami, d'apprendre vos ennuis. Je suis certain que ce n'est pas de votre faute. Mais il était temps pour vous d'avoir enfin la tranquillité et la liberté...

« Je connais à Paris le couvent de Saint-Joseph, rue Saint-Dominique, où se retirent les femmes de qualité lorsqu'elles se séparent. Ce serait là la meilleure résidence pour Mme du Mouriez. Avec trois mille francs par an, elle y serait parmi les plus aisées. Il y a aussi boulevard Saint-Denis deux bons couvents pour les bourses plus modestes. Les dames sortent tant qu'elles veulent, mais doivent rentrer à neuf heures du soir. Ne dites pas que vous savez cela par moi; madame votre belle-sœur pourrait s'occuper des détails. [2] »

Aussitôt la grande décision prise, du Mouriez pria le docteur Menuret d'aller calmer les nerfs de la nouvelle pensionnaire du couvent. Il reçut du prince de la science la réponse suivante : »

— Mme du Mouriez me parut à son arrivée très fatiguée, très maigre et d'assez mauvaise humeur. Le côté gauche est imparfaitement para-

1. Voir p. 72.
2. Bibliothèque nationale, manuscrits, Fonds français, 3534.

lysé; le côté droit, et surtout la main, affecté d'un tremblement convulsif. Il y avait un foyer de douleurs avec gonflement au bas des côtes, en poussant vers les seins, du côté gauche...

Je la félicitai du genre de vie plus analogue à sa grande piété, de la paix et de la tranquillité qu'elle trouverait dans sa retraite. Elle m'observa que la dissipation et les plaisirs seraient plus agréables et plus utiles pour elle.

Je lui conseillai les remèdes que je crus convenables, parmi lesquels des pilules fondantes où entrait un peu de musc. N'ayant pu en supporter l'odeur, elle s'est bornée à des pilules de savon, de l'arnica, quelques purgations et un emplâtre sur le côté douloureux du ventre[1]. »

Il est probable que le détestable caractère de Mme du Mouriez était dû à sa santé; son mari ne le comprit pas assez. Toutefois il faut lui rendre cette justice qu'il eut quatorze ans de patience. Son ami Wellington avait eu une aventure analogue : au retour d'un voyage en Amérique, trouvant sa fiancée défigurée, il persista à l'épouser quand même; elle lui rendit la vie insupportable, et il la quitta, non pas au bout de quatorze ans, mais au bout de quelques mois.

La légende des mœurs déplorables de du

1. *Archives nationales*, F¹ 4692.

Mouriez est sans doute exagérée; il suivit seulement l'exemple de la plupart des maris du dix-huitième siècle. Quelques auteurs affirment que depuis la Révolution rien de semblable ne se produit plus.

La famille de Mme du Mouriez ne se brouilla pas avec le général. Voici en quels termes un habitant de Cherbourg jugeait la situation : « Si Mme du Mouriez s'obstine à rester à Cherbourg, leur maison sera un enfer, encore plus pour elle que pour lui, parce qu'elle est nécessairement plus sédentaire et que son caractère est plus violent, quoiqu'elle devrait observer pour sa santé les ménagements les plus scrupuleux... M. du Mouriez a eu pour elle les complaisances les plus marquées, les procédés les meilleurs et la conduite la plus délicate. Si Mme du Mouriez n'avait pas donné cette publicité à ses griefs, son mari m'a protesté qu'il aurait dévoré en silence les chagrins qu'il n'a cessé d'éprouver dans sa maison.

« Des raisons de santé et de religion devraient engager Mme du Mouriez à préférer le parti de la retraite à celui de rester dans le monde où elle perd sensiblement de l'opinion publique et que son mari gagne au contraire tous les jours[1]. »

1. Signature illisible. *Archives nationales*, F' 4692.

Du Mouriez fit à sa femme une pension de quatre mille francs seulement, à cause de sa situation financière embarrassée[1].

Au milieu d'août 1789 Mme du Mouriez apprit les émeutes de Cherbourg et en fut émue. La lettre suivante prouve qu'elle n'avait pas cessé d'aimer son mari infidèle.

Couvent des dames de l'Enfant-Jésus,
rue des Postes, faubourg Saint-Marceau.

« Ma sœur vous a fait part, mon mari, de la détermination où j'étais de ne pas vous donner de mes nouvelles… mais j'oublie en ce moment cette résolution pour obéir à un penchant plus fort encore qui me porte à ne pas vous laisser ygnorer toute la part que j'ai prise aux dangers que vous avez éprouvés… Je n'ygnore pas, mon mari, qu'un reste de tendresse pour votre moitié infortunée vous engage à vous féliciter que je n'aye pas été à portée de voir de près toute cette bagarre, mais moi, bien loin de m'en réjouir, j'eusse voulu estre dans le cas de partager vos périls et de vous donner encore une nouvelle

1. En remboursant deux ans plus tard une dette de 6.000 francs, Dumouriez écrivait : « C'est tout ce qui me reste de mon patrimoine. » (Collection Dugast-Matifeux, Bibliothèque de Nantes.)

preuve de ma tendresse. Vous n'ygnorez pas que naturellement très craintive, je sais être courageuse et braver le danger lorsque mon cœur maîtrise ce sentiment. Mon unique vœu a toujours été de rendre mon dernier soupir auprès de vous et j'eusse sacrifié bien des années d'existence pour obtenir cette consolation...

« Tels seront toujours mes sentiments, mon mari ; puissent-ils m'obtenir un peu de retour et vous convaincre que vous n'avez pas dans le monde entier de meilleure ni de plus sincère amie que celle qui aurait aussi volontiers partagé vos infortunes que votre gloire[1]. »

Nous regrettons de n'avoir pu trouver la réponse de du Mouriez. Absorbé par son amour pour Mme de Barruel-Beauvert, il ne pardonnait pas à sa femme d'avoir diffamé sa maîtresse.

Mais d'autres soucis allaient bientôt le distraire : la révolution était en marche et le colonel en suivait anxieusement les progrès.

1. *Archives nationales*, F⁷ 4691.

CHAPITRE V

DUMOURIEZ ET LA RÉVOLUTION

Poujoulat s'est étonné à juste titre que Dumouriez fût arrivé à cinquante ans sans parvenir au premier rang[1].

Il est certain que le général n'eut jamais de chance. Parmi les contes qui charmèrent notre enfance, il en est un qui fait songer à l'histoire de Dumouriez :

Il y avait une fois un prince qui donna de grandes fêtes pour le baptême de son fils. Il invita toutes les fées du pays, excepté l'une d'elles, à cause de son caractère désagréable. Chaque fée accorda à l'enfant une qualité précieuse : intelligence, esprit, beauté, courage, etc., mais à la fin de la cérémonie, on vit apparaître la méchante fée mécontente de n'avoir pas été

1. POUJOULAT, *Histoire de la Révolution.*

conviée. « Je ne puis, dit-elle, retirer les dons déjà accordés; mais pour vous punir, ces qualités n'empêcheront pas l'enfant d'échouer dans toutes ses entreprises. »

On a vu la carrière de Dumouriez brillamment commencée, interrompue par ses graves blessures et sa réforme en 1763. Sa mission en Pologne échoue à cause de la disgrâce de Choiseul. Celle de Hambourg le fait mettre à la Bastille. Après onze ans d'attente il épouse la jeune fille qu'il aimait — elle lui rend la vie insupportable. On sait comment se terminèrent en 1793 les brillants succès du vainqueur de Valmy.

Après quinze années passées à Cherbourg, Dumouriez rongeait son frein et se demandait si les graves événements qui se préparaient ne seraient pas pour lui une occasion d'arriver à la gloire.

Nous avons dit que depuis longtemps il prédisait la Révolution, avec cette remarquable intuition de l'avenir dont il ne sut d'ailleurs jamais tirer parti. Il avait même rédigé un mémoire en 1772 sur les États généraux, dont il prévoyait la convocation.

Le général n'avait guère eu à se louer de Louis XV; mais il restait royaliste; partisan des idées nouvelles, il était « constitutionnel en po-

litique, déiste en philosophie, soldat par-des-
sus tout, c'est-à-dire ennemi-né du désordre et
méprisant la canaille[1] ».

Voilà qui explique son attitude pendant la
Révolution.

Souvent les hommes politiques croient très
habile de ménager tous les partis ; il leur arrive
de n'en satisfaire aucun et d'être de tous côtés
en butte aux attaques et aux calomnies. C'est le
châtiment de l'ambition et Dumouriez n'y put
échapper. Quelquefois d'ailleurs il riait de ses
défauts avec une grande modestie. Dans une
lettre émaillée de citations latines, il faisait la
comparaison suivante[2] :

« L'ambition nous présente une échelle ap-
puyée contre un nuage très élevé. L'ambitieux
croit arriver aux astres, le nuage se dissout,
l'échelle tombe et il se casse le cou. »

Plus loin, après avoir avoué qu'il avait « le
cœur plus honnête que l'esprit », il ajoutait :
« J'ai une mélancolie qui passerait chez un
autre pour de la grosse gaieté. » Le caractère
de Dumouriez avait en effet des contradictions
surprenantes.

Après le 18 brumaire Bonaparte déclara : « Je

1. Sorel, *l'Europe et la Révolution française.*
2. Collection Labouchère, manuscrits, v. 667. Bibliothèque
de Nantes.

ne veux être ni bonnet rouge ni talon rouge. »
L'expression était plus heureuse que sincère ;
mais la fortune lui avait été favorable, tandis
qu'elle avait accablé Dumouriez, accusé à la fois
d'être bonnet rouge et talon rouge.

D'une façon générale, la postérité a été fort
injuste envers un petit groupe d'hommes honnêtes et éclairés qui voulaient sincèrement la
liberté. Ce sont les constitutionnels de 1789,
traités de jacobins par les courtisans, et pros-
crits par les révolutionnaires. Ainsi que le disait
Malouet, Dumouriez partageait toutes leurs
idées. Sans doute il faisait à tort et à travers des
protestations d'amitié [1], mais n'est-ce pas le
propre du caractère méridional ? On sait que Dumouriez avait hérité des défauts et des qualités
de ses ancêtres provençaux. D'ailleurs s'il avait
moins parlé en 1793, n'aurait-il pas réussi à ba-
layer la Convention ?

Parmi les nombreuses légendes que l'on a
accréditées sur Dumouriez, il en est une dont
nous devons d'abord affirmer la fausseté : Beaucoup de royalistes ont prétendu qu'il était l'un
des principaux agents de Philippe-Égalité, et
qu'il s'était efforcé de détrôner Louis XVI au
profit de ce Prince.

1. Le docteur Chaumine écrivait : « Dumouriez est l'ami
de tous les partis, et l'amant des onze mille non-vierges. »

Homme de plaisir, Dumouriez était très lié avec le célèbre Lauzun devenu le général de Biron. Il fréquentait également quelques autres amis de Philippe-Égalité, mais nullement le Prince lui-même.

Voici ce qu'il déclarait à Lafayette en 1790 [1], alors que personne ne pouvait prévoir le procès du roi ni le vote régicide du duc d'Orléans : « Je vous répète que je n'ai aucune liaison avec ce qu'on nomme la faction d'Orléans… Quant à lui, je ne l'ai vu que l'hiver dernier, alors qu'il n'était question de rien qui pût faire prévoir la Révolution. Depuis je n'ai eu aucun commerce direct ni indirect avec lui, ni relativement à lui. Recevez-en mon serment, mon cher Marquis. »

Si Dumouriez n'avait pas dit la vérité, Lafayette, devenu plus tard son ennemi, n'aurait pas manqué de l'accuser de faux serment.

Avouons qu'il est toutefois surprenant que le duc d'Orléans et Dumouriez ne se soient pas beaucoup vus aux réunions maçonniques. Le prince était grand-maître de la secte ; et d'après Cadet de Gassicourt, ancien franc-maçon, Dumouriez a fait partie pendant deux ans d'une loge qui se réunissait au Palais-Royal puis à Passy. « Les principaux initiés qui ont joué un

1. Lettre du 2 mai 1790 à Lafayette.

rôle dans la Révolution sont Mirabeau, Fox, le duc d'Orléans, Robespierre, Clootz, Danton, Dumouriez et Saint-Farjeau [1]. »

Mais Dumouriez venait peu à Paris avant la Révolution, et le prince n'assistait pas à toutes les réunions. En tout cas le général se sépara des francs-maçons lorsqu'il découvrit leurs véritables projets.

Après la mort de Louis XVI, Dumouriez ne cessa jamais de condamner hautement l'attitude de Philippe-Égalité. En revanche il s'attacha sincèrement à son jeune aide de camp, le duc de Chartres, qui fit ses premières armes à Valmy et à Jemmapes. Il songea à le mettre sur le trône, non seulement par affection pour lui, mais parce que ce prince représentait la monarchie constitutionnelle, tandis que le comte de Provence et le comte d'Artois représentaient la monarchie absolue. « Le duc d'Orléans est un monstre, déclarait Dumouriez au comte Buchler, après sa défection. J'estime ses enfants ; l'éducation seule qu'ils ont reçue a pu les égarer un moment.

— Pourquoi n'avez-vous pas essayé de sauver le roi, demandait Buchler ?

— C'était mon projet ; c'est pour cela que je fus à Paris. Mais on m'entoura de quatre cents

1. Cadet de Gassicourt, *le Tombeau de Jacques Molai*, 1796.

fédérés payés pour m'assassiner, et je fus obligé de me sauver à la campagne.»

S'il y avait eu soit une entente, soit même des relations amicales entre Philippe-Égalité et Dumouriez, on en trouverait trace dans la volumineuse correspondance du général. Après l'avoir scrupuleusement examinée, nous avons découvert un seul document s'y rapportant. C'est une lettre de Mme de Buffon recommandant son frère à Dumouriez. Elle ajoute en postscriptum : Monsieur Égalité se rappelle à votre souvenir [1]. » Pas un mot de politique.

Cette Mme de Buffon était le mauvais génie du duc d'Orléans. Voici ce qu'il disait d'elle en 1792 à Choderlos de Laclos : « Agnès est un diable, elle m'aiguillonne sans cesse et, à l'entendre, je devrais être roi depuis longtemps. Quand ces faibles créatures se sont mises les grandeurs en tête, elles sont plus ambitieuses que les hommes [2]. »

Dumouriez a déclaré avoir été républicain trois jours seulement. Mais, suivant l'expression de Montalembert, « quand un changement d'opinion n'a été déterminé par aucun intérêt sordide, aucune peur égoïste, il n'y a point à en rougir».

A part ces trois jours auxquels on regrette qu'il

1. Papiers saisis chez Dumouriez.
2. *Archives nationales*, F' 4691.

n'ait pas assigné de date[1], le général a toujours été monarchiste constitutionnel.

Montalembert a d'ailleurs fait observer qu'entre la république et la monarchie constitutionnelle, la différence est dans la forme seulement, tandis qu'entre le pouvoir absolu et la monarchie constitutionnelle, la différence est dans le fond.

Avant la Révolution, Dumouriez avait conseillé la convocation des États généraux à Tours, afin de les mettre à l'abri des mouvements populaires; le roi dut souvent déplorer dans la suite de n'avoir pas écouté cet avis. La brochure du général intitulée *Cahiers d'un bailliage*[2], eut un grand succès. A propos du vote par tête il demandait : « Comment votera-t-on pour décider comment il faut voter ? Voterez-vous par ordre pour décider qu'il faut voter par tête ? Ou voterez-vous par tête pour décider qu'il faut voter par ordre ?»

1. Parmi les nombreuses contradictions que l'on peut relever dans le caractère de Dumouriez, il faut remarquer qu'il sembla approuver le 10 août et la proclamation de la République. Mais pendant son ministère il disait déjà à Louis XVI : « Il faut abonder dans le sens des Jacobins pour mieux les tromper, marcher avec eux jusqu'au jour où nous serons assez forts pour marcher contre eux. »
Voir Sorel, *l'Europe et la Révolution.*
2. Cette brochure ne se trouve plus dans aucune des bibliothèques françaises ou étrangères où nous l'avons demandée.

Voici une lettre inédite où le chevalier de R. raconte à Dumouriez l'ouverture des États généraux.

> 9 mai, rue Champfleury.
> Maison de M. de Bourge.

« Le comte de Mirabeau a été hué quand il a paru dans la salle des États... Le discours de M. Necker a paru d'un génie étroit et fiscal ; on s'attendait à autre chose de la part de cet homme et ses admirateurs sont un peu consternés. Celui du roi est simple ; il a été fort applaudi. Le garde des sceaux a si mal lu le sien que personne ne l'a entendu. C'est peut-être une ruse de sa part[1]. »

En quittant Cherbourg[2], Dumouriez écrivait à M. de La Rosière.

« Je crains que vous n'ayez bientôt à exercer vos talents militaires. Notre liberté sera attaquée par une coalition de despotes. Le roi est avec nous et n'abandonnera pas la bonne cause... La révolution est déjà faite. Les moyens nous paraîtront peut-être répréhensibles si nous écoutons les préjugés qui existaient il y a deux ans. Mais aujourd'hui nous sommes libres, quoique peut-être aux dépens de notre repos. Vos en-

1. *Archives nationales*, F⁷ 4692.
2. Décembre 1789.

fants seront plus heureux que nous; imprimez bien cette idée dans leur esprit; rendez-les fiers de leur liberté. »

Parmi les papiers saisis en 1793 chez Dumouriez, rue Saint-Marc, devenue rue Marc, se trouvait une correspondance signée M. émanant de l'ami qui lui indiquait les meilleurs couvents pour femmes séparées. Une partie de ces lettres ont disparu du séquestre, ont passé chez les collectionneurs d'autographes et ont été récemment acquises par la Bibliothèque nationale [1].

Les passages confidentiels sont écrits dans un anglais très correct. On y parle de réunions secrètes et l'on tient Dumouriez au courant des événements, en lui demandant conseil. Tout ce que nous avons pu découvrir sur ce correspondant, c'est que, lié avec Gensonné, il avait été secrétaire de la Constituante. L'initiale M. peut donc s'appliquer aux noms suivants : Mounier, Malouet, de Menou, Muguet de Nanton, Marguerites, Mongins de Roquefort, Merlin, Durand de Maillanne, et Massieu.

Dès le 18 mai 1789 l'ami de Dumouriez a sur Mirabeau la même opinion que le chevalier de R. « Voilà Mirabeau coulé à fond ainsi qu'un M. Chapelier, député de Rennes. Target a fait

1. Fonds français, 3534.

son entrée à l'Assemblée vendredi. Il fit un discours fort applaudi...

« Le garde des sceaux Lamoignon prit hier son fusil et dit qu'il allait tirer quelques pies dans son parc. Deux heures après, un paysan vint avertir qu'il l'avait trouvé mort près d'un banc, son fusil déchargé à côté de lui. Le coup avait pris au-dessous de l'oreille droite... Le fusil avait été chargé avec des chevrotines... Lamoignon laisse pour plus de deux millions de dettes. »

3 août. — « C'est le baron de Batz l'auteur de la révolution qui a fait éloigner M. Necker et revenir le baron de Breteuil. »

Dès le 3o juin Dumouriez est averti par son ami que la situation est grave : « On n'est pas plus sûr des gardes de corps que des gardes-françaises. »

Est-ce par cette voie que le général fut instruit quelque temps d'avance de l'émeute du 14 juillet, ou par la franc-maçonnerie à laquelle, selon toute probabilité, il était affilié ? En tout cas il se hâta de faire un plan de défense de la Bastille, et indiqua les mesures à prendre contre l'insurrection. Le 12 juillet il remit ce mémoire au duc de Coigny, qui l'expédia aussitôt à Louis XVI. Le courrier n'arriva-t-il pas à temps, ou le roi ne voulut-il pas suivre les conseils de Dumouriez ? nous l'ignorons.

Vers cette époque une émeute éclata à Cherbourg ; trois maisons furent pillées. Dumouriez fit arrêter les meneurs et afin de ne pas perdre de temps, rassembla le peuple sur la place publique en présence du lieutenant de la maréchaussée. Il invita la foule à choisir douze avocats pour juger si oui ou non les prisonniers étaient coupables. Huit jours plus tard la réponse des avocats étant affirmative, deux émeutiers furent pendus et dix envoyés aux galères. Dumouriez venait d'inventer le jury. Après cette exécution, l'ordre ne fut plus troublé à Cherbourg.

Les querelles conjugales et la séparation de Dumouriez avaient augmenté son désir de changer de garnison. Il se fit envoyer à Niort et de là à Nantes où il employa « toute son habileté diplomatique et tout son talent militaire[1] » à pacifier sans effusion de sang les premières révoltes des Vendéens.

A cette occasion il se lia avec les principaux chefs des Girondins et surtout avec Gensonné et Brissot.

Il faut croire que Mme de Barruel-Beauvert dédaignait ces nouveaux amis, car Mercier du Rocher se plaint dans sa correspondance de ne

1. CHASSIN, la Préparation de la guerre de Vendée.

pas la voir assister aux grands dîners donnés par son amant, « sans doute parce que Dumouriez ayant trente ans de plus qu'elle, ne se soucie pas de la faire souper avec des jeunes gens [1] ».

La Belgique se préparait alors à secouer le joug autrichien. Dumouriez s'intéressait d'autant plus à ce mouvement que le principe de sa politique fut toujours la lutte contre la maison d'Autriche. Il fit, grâce à Lafayette, la connaissance de deux membres du congrès belge et obtint à grand'peine du ministre Montmorin l'autorisation d'aller à Bruxelles surveiller les événements. Il prit à la révolte des Pays-Bas une part plus importante qu'il ne l'avoua, ainsi que le prouve une curieuse lettre saisie dans ses papiers en 1793. Une triple enveloppe devait dépister la police : la première adressée à M. de Miradon poste restante, Bruxelles; la deuxième à Mlle Sternant à Eterbreke; la troisième à M. le chanoine Cavali, chez Mme sa sœur, à Mons.

14 juillet 1790.

Êtes-vous bien sûr de celle qui vous sert pour faire prendre vos lettres à la poste? On dit que

1. Dumouriez occupait à l'hôtel Henri-IV (actuellement hôtel de France) un appartement du prix de 180 francs par mois.

depuis la mort de son mari elle a un attachement pour $5 = 2$.

« J'ai des soupçons à son égard...

« $8 = 2$ nous coûte cher, mais il est essentiel. On ne le soupçonnera jamais. Si $8 = 3$ est employé, c'est lui qu'on chargera de venir à la rue Neuve de grand matin. Il prétendra prendre les deux coquins sous sa protection lorsqu'on entendra du bruit. Le signal sera donné une demi-heure après son entrée; le reste dépendra beaucoup de vous. Ayez au moins 80 ou 100 hommes tout prêts. N. 7 en aura autant. Vous serez averti le jour avant vers trois heures. Promettez deux louis à chaque homme s'ils font bien leur devoir, puis dix pour chacun du C ou des E qu'ils livrent en vie... Nous nous moquons des Anversois... Il me paraît impossible qu'on soupçonne $8 = 2$. Mais si quelque chose lui arrive, partez bien vite car ses papiers découvriraient trop de choses.

« Notre plan est un peu changé... Nous aurons assez de monde. Ypres, Tournay, Menin, Audenarde. Je n'ose vous parler plus clair. Z-1 témoigne toujours de l'amitié pour C. de G. Il est assez fin pour les duper tous[1]. »

Dumouriez ne semble pas s'être mis d'accord

1. Bibliothèque nationale, Fonds français, 3534.

avec les chefs du mouvement. Après son départ, un membre du congrès, Gendebien, déclarait que si Dumouriez était resté, les événements auraient pris une autre tournure [1].

En traversant Paris, Dumouriez s'était fait présenter au club des Jacobins par le duc de Crillon. On lui en a fait un crime dans les millieux royalistes. Mais il faut distinguer entre les Jacobins de 1793 et les Jacobins de 1789 parmi lesquels siégeaient les Broglie, Clermont-Tonnerre, d'Aiguillon, Kersaint, Noailles, Menou, Rochambeau, d'Aoust, Brancas et une trentaine de prêtres. D'après Dumouriez, les Jacobins n'étaient alors « qu'une société patriotique, peut-être trop zélée, mais les plus honnêtes gens de la France et de l'Assemblée la composaient, et elle n'était pas encore gâtée par l'introduction des scélérats qui en ont fait une association monstrueuse, ennemie de tout ordre social. »

Dumouriez ajoute dans ses *Mémoires* qu'il alla très rarement chez les Jacobins, les trouvant trop bruyants et trop exaltés. Trois mois après son admission, il se produisit une scission dans le club : Crillon, Talleyrand, le duc de La Rochefoucauld et le duc de Liancourt fondèrent

1. A. Chuquet, Dumouriez, *Feuilles d'histoire* du 1er mai 1913.

une association plus modérée qui devint plus tard le club des Feuillants.

Dumouriez essaya inutilement de les en dissuader, prévoyant que leur départ laisserait l'influence aux démagogues [1].

Dumouriez s'affilia également au club de Niort, un peu par ambition [2], un peu par curiosité, afin d'être tenu au courant des événements. Tandis qu'à la cour on le traitait de révolutionnaire, à Nantes on le traitait de réactionnaire, parce qu'il fit remettre en liberté quelques gentilshommes arrêtés à la suite d'une dénonciation du club.

Au moment de la fuite de Varennes, il annonça très haut qu'il allait réunir toutes ses troupes pour courir au secours de l'Assemblée nationale si c'était nécessaire. Il savait fort bien qu'il ne serait pas pris au mot, et il se contenta pour prouver son civisme, de danser des farandoles dans les fêtes villageoises [3].

Il devint très populaire, aussi Mercier du Rocher déclara-t-il que Dumouriez était un ambitieux dont il fallait se méfier.

Lorsque les premières émeutes éclatèrent en Vendée, le général annonça qu'il allait châtier

1. *Mémoires de Dumouriez*, t. II, ch. IV.
2. Il y fit des professions de foi nettement révolutionnaires.
3. CHASSIN, *la Préparation de la guerre de Vendée.*

les rebelles et partit ostensiblement à la tête des troupes. Un grand nombre d'insurgés et quelques prêtres étaient réunis dans deux châteaux ; ils allaient être cernés par le régiment de Rohan et les gardes nationaux, quand Dumouriez arrêta tout à coup le mouvement, fit secrètement savoir aux insurgés qu'ils n'étaient pas en nombre pour lutter et qu'on leur laisserait le temps de se disperser. Aussitôt son conseil suivi, le général reprit sa marche, occupa les châteaux, et déclara que les insurgés étant en fuite, la guerre était terminée. Il rentra tranquillement à Niort ; malheureusement, après son départ, les gardes-nationaux mirent le feu aux deux châteaux.

Les patriotes ne tardèrent pas à soupçonner quelque chose d'équivoque dans la conduite du général. On l'accusa d'avoir tenu ce propos. « Si je voulais faire la guerre civile en France, ce serait en Vendée [1]. »

Nommé maréchal de camp en 1791 [2], Dumouriez fut plus souvent à Paris que dans sa garnison. Il suivait avec un intérêt poignant le progrès des idées nouvelles, et se livrait à des discussions sans fin avec Mirabeau, Talleyrand et Lafayette. Les rapports de police le signalent comme se réunissant chaque soir chez M. de

1. BEAUCHAMP, *Guerres de Vendée*, 1806.
2. Il était brigadier depuis le 5 décembre 1871.

Sainte-Foy avec « le duc de Biron, l'évêque d'Autun, Semelin (ministre de Russie). Rayneval et Montmorin ». Il voyait fréquemment aussi le duc de Liancourt, le prince de Salm-Salm et les Kersaint. A ce moment Malouet le déclare partisan de toutes ses idées [1]. Dumouriez écrivait alors à Lafayette : « Je connais votre profession de foi sur notre Révolution ; nous pensons absolument de même à cet égard. Nous vivrons libres ou nous mourrons ensemble. Comptez entièrement sur mon secours pour sauver notre malheureuse patrie [2]. »

Ils ne tardèrent pas à se brouiller, Lafayette ne voulant pas céder à Dumouriez la première place, et Dumouriez fut bientôt dégoûté de la révolution par les révolutionnaires.

Lorsqu'il était loin de Paris, le général était tenu au courant des événements par l'ami qui signe M [3]. « Pensez à moi, dit une lettre du 3o juin 1791, je compte sur vous. Je serai jugé samedi... Je vous donnerai avis de tout ce que j'apprendrai. »

3o septembre. — « Je compte sur les instructions que vous m'avez promises. J'ai besoin d'être mené comme par la main. C'est la certitude que

1. TUETEY, *Répertoire des sources manuscrites*, t. II.
2. *Mémoires de Mathieu Dumas*, t. II.
3. Voir p. 72.

vous m'avez donnée sur ce point qui peut me consoler de ce que l'on m'a mis en scène avant de me donner le temps de me préparer...

« Les Lameth sont très bien chez la Reine. On m'assure qu'ils ont une entente secrète avec elle.

« Le Montmorin est perdu; c'est un M. Barthélémy, secrétaire d'ambassade à Londres qui doit le remplacer. Le ministre de la Guerre, quoique l'homme de Lameth, ne pourra pas tenir. »

16 décembre. — L'esprit général me paraît très monté contre les clubs et en particulier contre les Jacobins... Je vais dans toutes ces sociétés et partout on me marque beaucoup de confiance...

« Le désordre de l'Assemblée dans ses délibérations est toujours le même : plus de cent cinquante mauvais orateurs se disputent sans cesse la parole, et la majorité impatiente de leur bavardage, ne veut entendre personne...

« Mon adresse est chez M. Gensonné, rue Saint-Sébastien. »

26 décembre. — « Je me félicite d'avoir bien jugé l'Assemblée dès les premiers jours, et d'avoir senti que la conduite d'un honnête homme devait être de ne tenir à aucun parti. Je ne vais plus aux Jacobins; je ne vais point aux Feuillants. Il est possible que tous les partis me

portent à la présidence à la fin de mon secréta-
riat. Cependant je ne m'en soucie guère. Si je
ne puis échapper à cette corvée, je présiderai
avec une verge de fer et je me sacrifierai pour
rétablir un peu d'ordre et de décence. »

On voit que l'ami de Dumouriez commençait
comme lui à être dégoûté de la révolution.

Prévoyant de graves soulèvements en Vendée,
le général se vit pris entre le devoir militaire et
ses sympathies personnelles. Il voulait bien aller au club des Jacobins et se livrer à des plai-
santeries sur le clergé, mais il ne se souciait
pas de fusiller des paysans qui se révoltaient
pour conserver la liberté de leur culte. Il avait
hâte de changer de commandement, et il demanda à être envoyé aux frontières du Nord ou
de l'Est.

Dès que le ministère de la Guerre fut confié à
Narbonne[1], Dumouriez lui adressa ses félicita-
tions : « Il faut tout votre esprit et votre courage
pour vaincre les difficultés dont vous êtes envi-
ronné. Les officiers généraux qui aiment sincé-
rement la constitution et le roi doivent se rallier
à vous. »

Il renouvelait par la même occasion sa demande de changement et signalait le désir du

1. Décembre 1791.

général de Marcé d'être nommé à sa place. Narbonne s'empressa de leur donner satisfaction à tous deux. Le général de Marcé ne se doutait pas qu'il se condamnait ainsi à mort. En effet, au moment de la défection de Dumouriez, les Jacobins firent observer que Marcé, nommé sur sa recommandation au commandement de Nantes, s'était fait battre par les Vendéens le jour de la défaite de Neerwinde. A cette même date, des émeutes royalistes avaient éclaté à Nantes et à Angers. Cette coïncidence paraissant louche, Marcé *aurait pu* être complice de Dumouriez. Sur cette simple présomption il fut condamné et exécuté.

Nommé lieutenant général au mois de janvier 1792, Dumouriez sembla dès lors être l'homme de la situation. Son ami Laporte, intendant de la maison du roi, insistait auprès de Louis XVI pour que l'on eût recours à la grande intelligence du général. Mais sa présentation aux Jacobins lui avait aliéné bien des gens. Les courtisans n'aimaient pas ses façons cavalières, et son dédain de la noblesse le faisait passer pour roturier. Sous Louis XV il signait toujours *du Mouriez;* depuis le 4 août il affectait de signer *Dumouriez.* Lafayette disait de lui par jalousie le plus de mal possible. Dumouriez blâmait l'émigration en termes très sévères; aussi Marie-Antoinette était-elle prévenue contre lui. En outre elle n'admettait pas qu'un ministre marié fit tenir sa maison par sa maîtresse. La reine ignorait d'ailleurs les efforts du général auprès du comte d'Artois pour réconcilier ce prince avec elle.

En revanche la plupart des survivants de la diplomatie secrète le tenaient pour un génie méconnu. Radix de Sainte-Foix écrivait au roi que les principaux membres de l'Assemblée conseillaient un ministère Dumouriez. « Cet homme dispose d'un crédit vraiment magique[1]. » Duport déclarait : « Il suffit que j'aie été une fois dans ma vie contraire à un homme comme Dumouriez, dont je connais le mérite et les talents, pour que je saisisse toutes les occasions de le servir[2]. »

Enfin, lorsque ce choix fut conseillé à la fois par les Girondins et par quelques royalistes impartiaux, il fallut bien faire appel aux lumières du général[3].

Toutefois Talleyrand sur lequel Dumouriez se figurait pouvoir compter, le desservait en secret ainsi que le prouve cette lettre inédite :

1. TUETEY, *Répertoire des sources manuscrites.*
2. Papiers saisis chez Dumouriez.
3. 15 mars 1792.

24 janvier.

« Si, comme je n'en doute pas, il y a un mouvement dans le ministère des Affaires étrangères, vous y serez infailliblement porté malgré le château. Une fluxion m'a empêché de dîner chez Mme Condorcet, où je devais parler pour vous à L. de N.

« L'évêque d'Autun ne vous sert pas comme je l'aurais imaginé. Je lui ai fait parler par des hommes avec qui il ne pouvait pas me supposer des relations et je n'ai pas du tout été content de ses réponses sur votre compte[1]. »

Avant de confier le portefeuille des Affaires étrangères à Dumouriez, Louis XVI avait voulu le nommer ambassadeur à Berlin. Mirabeau était l'instigateur de cette proposition, qui fut déclinée par le général[2].

1. *Archives nationales*, F⁷ 4690. (Lettre attribuée à Gensonné.)
2. Dumouriez aurait accepté le poste plus modeste de Mayence. Voir à ce sujet sa lettre au roi. Appendice F.

CHAPITRE VI

LE MINISTÈRE DE DUMOURIEZ

Dumouriez aurait préféré que Louis XVI prît un ministère jacobin, car il estimait comme Mirabeau que des jacobins ministres ne sont pas des ministres jacobins. Ainsi que Tort de la Sonde l'écrivait plus tard à l'archiduc Charles : « Dumouriez n'a jamais cessé de penser qu'il valait mieux tâcher de diriger la révolution vers un but salutaire pour l'humanité, que d'exposer en la contrariant la famille royale aux catastrophes qui sont arrivées. » Mais il ne put sur ce point vaincre la résistance du roi.

Selon Mathieu Dumas, Dumouriez conseilla d'appeler au ministère « Roland à cause de son habileté et Clavière parce que c'était l'homme de France le plus instruit en finances [1]. » Les

1. *Mémoires du général Mathieu Dumas.* Lettre de Dumouriez à Lafayette, avril 1792.

autres ministres étaient Degrave, Lacoste et Duranthon.

Au grand scandale des monarchistes intransigeants, le nouveau ministre se rendit au club des Jacobins et s'y coiffa du bonnet rouge. Mais il est incontestable que Louis XVI, consulté auparavant, approuva cette démarche afin de désarmer l'opposition de gauche [1]. Quant à l'opposition de droite, elle fut plus difficile à réconcilier. Tous les courtisans se détournèrent de Dumouriez, excepté trois amis : le spirituel duc de Nivernais, le maréchal de Noailles et le maréchal de Brissac.

Le ministre disait au roi : « J'ai obtenu la confiance de vos ennemis et je veux m'en servir pour vous mettre à l'abri de leurs coups. Cessez de leur donner des armes tantôt par la faiblesse, tantôt par une résistance mal calculée [2]. »

Les premières dépêches diplomatiques de Dumouriez plurent beaucoup à Louis XVI. Cahier de Gerville avec lequel il les examinait observa : « Voilà comment les ministres devraient toujours parler et écrire au nom de Votre Majesté [3]. »

1. « Laissez-moi faire et vous verrez, dit Dumouriez à Vaublanc. Croyez-vous que j'aime les Jacobins plus que vous ? »

2. LACRETELLE, *Histoire de la Révolution*, t. III.

3. FEUILLET DE CONCHES, *Louis XVI et Marie-Antoinette*.

Louis XVI disait à Montesquiou : « On avait prétendu que Dumouriez était une mauvaise tête. Il ne me donne que de bons conseils. »

L'histoire du ministère de Dumouriez a été racontée par de plus compétents que nous ; aussi passerons-nous rapidement sur cette période de trois mois, ainsi que sur la campagne de 1792-1793[1].

Il est juste néanmoins de rappeler que le général a été accusé d'avoir désorganisé le ministère des Affaires étrangères. Sans doute on peut lui faire un grief de l'avancement de Bonne-Carrère ; mais les nouveaux agents, entre autres Chauvelin et Barthélémy, étaient des choix habiles et des hommes de la carrière[2].

Jugeant à leur valeur la capacité et la finesse de Talleyrand, il envoya l'ancien évêque d'Autun en Angleterre pour obtenir la neutralité de ce pays[3].

Les relations avec l'Autriche étaient très tendues au moment où Dumouriez arriva au ministère : une note de Cobentzel exigeait le rétablissement des trois ordres, la restitution des biens du clergé et des terres des princes autrichiens en Alsace. Dumouriez se montra intransigeant

1. Les savants ouvrages de M. Chuquet sont fort sévères pour Dumouriez.
2. SOREL, *l'Europe et la Révolution française.*
3. Voir appendice G et H.

et, le 20 avril, Louis XVI proposa à l'Assemblée de déclarer la guerre. Le ministre prétend dans ses Mémoires n'avoir pris cette décision qu'à son corps défendant, mais nous doutons un peu de sa sincérité sur ce point.

L'opinion de Sorel est qu'en proposant la guerre, les ministres se figuraient effrayer l'Europe et l'amener à négocier : « Dumouriez voulait la guerre contre l'Autriche ; l'assemblée la déclara à l'Europe, la diplomatie du ministre s'en trouva bouleversée [1]. »

La politique de Dumouriez consistait en effet à séparer l'Autriche de ses alliés et à préparer l'indépendance de la Belgique. Il offrit au roi de Sardaigne le Milanais en échange de Nice et de la Savoie, et s'efforça de lancer les Turcs sur les Autrichiens tandis qu'il négociait avec l'Angleterre.

Une fois la guerre déclarée, le ministre voulait se borner à la défensive sur les frontières naturelles, le Rhin et les Alpes, et prendre l'offensive dans les Pays-Bas, dont il croyait la conquête facile. Les échecs de Quiévrain et Tournai, et surtout l'esprit d'insubordination des troupes jetèrent le désarroi dans le ministère. Degrave fut remplacé à la Guerre par Servan ;

1. SOREL, *l'Europe et la Révolution française.*

l'influence des girondins Roland et Clavière s'en trouva accrue. Le gouvernement fut dès lors partagé en deux camps, Dumouriez et Lacoste se rangeant toujours du côté de Louis XVI.

Dans le but de se débarrasser de Dumouriez, les Girondins l'accusèrent d'avoir employé les fonds secrets à ses dépenses personnelles. Or il fut prouvé : 1° que ce viveur prodigue et criblé de dettes avait réduit ses propres appointements à 130.000 francs au lieu de 150.000 ;

2° Que ce politicien sans scrupules dépensa seulement 500.000 francs pendant son ministère, sur les six millions de fonds secrets mis à sa disposition.

Il est assez curieux d'observer qu'une partie de ces 500.000 francs servit à faire de la propagande contre lui-même. Voici comment : le ministère avait acheté *la Gazette de France ;* 30.000 livres étaient versées tous les mois au maire de Paris pour les dépenses de la police secrète ; le carnet de Mme Roland prouve que sur cette somme 6.000 livres étaient remises au ministre de l'Intérieur pour « faire publier de bons écrits afin d'éclairer le peuple et répandre les idées qu'il importe de soutenir pour le triomphe de la constitution et de l'ordre [1] ».

1. Cl. PERROUD, Roland et la presse subventionnée (*la Révolution française*, 14 mars 1912).

Dumouriez avait comme toujours versé d'avance
3o.ooo livres le 1ᵉʳ juin 1792; après sa démission le reste des fonds secrets fut employé à
attaquer le général. Roland fit notamment tirer
à 2.000 exemplaires une lettre de Servan contre
Dumouriez.

Pendant son ministère, le général travaille
toutes les nuits jusqu'à une heure et se lève à
cinq heures.

A six heures, Bonne-Carrère vient travailler
avec lui. A onze heures commencent les au-
diences. A quatre heures le ministre se met à
table ; à cinq et demie il rentre travailler dans
son cabinet ; il en sort à minuit pour souper et
se couche à une heure du matin. Quelquefois au
lieu de souper il fait mettre sur sa table de travail du pain et de la viande froide et ne se
couche pas du tout [1].

Dumouriez charmait habituellement tous ceux
qui l'approchaient. Cependant Mme Roland, qui
posait pour la vertu, était indignée de voir
Mme de Barruel-Beauvert faire les honneurs du
ministère des Affaires étrangères. En outre « les
manières aristocratiques du général lui déplai-
saient [2] ». Elle dit à son mari : Prends garde à
cet homme, il pourrait bien cacher un maître

1. MALLET-DUPAN, *Mémoires*.
2. LAMARTINE, *Histoire des Girondins*.

sous un collègue et chasser du conseil ceux qui l'y ont introduit. La prophétie ne devait pas tarder à se réaliser. Voici d'ailleurs le jugement porté sur Dumouriez par « cette bourgeoise vertueusement coquette », comme il l'appelait. « Dumouriez paraît encore avoir la pétulance de la jeunesse et la gaieté d'une imagination vive et libre. Il divertissait le roi au Conseil par les contes les plus extravagants dont ses graves collègues ne pouvaient s'empêcher de rire… Bon général, habile courtisan, galant auprès des femmes, mais nullement propre à réussir auprès de celles qu'un commerce tendre pourrait séduire ; il était fait pour les intrigues d'une cour corrompue [1]. »

Les Jacobins protestaient comme Mme Roland contre la présence de Mme de Barruel-Beauvert au ministère, parce qu'elle y attirait un élément antirévolutionnaire. On se plaignait que Rivarol fût mis par elle au courant des nouvelles politiques. Mais inutile de dire que les protestations n'eurent aucun succès.

Lorsque la garde de Louis XVI fut dissoute, Dumouriez pressa le roi de la reconstituer immédiatement sur d'autres bases [2]. Mais le sou-

1. *Mémoires de Mme Roland.*
Voir, appendice H², le portrait de Mme Roland par Dumouriez.
2. DARESTE. *Histoire de France*, t. VIII.

verain et surtout Marie-Antoinette continuaient à se méfier du général. Ainsi que l'a fait observer Ségur[1] : « La cour aurait pu tirer un grand parti des talents de Dumouriez, de son audace et de sa popularité. Mais elle aigrit par sa méfiance les ministres qu'elle avait pris par faiblesse. »

« L'un des grands malheurs de la famille royale est de n'avoir pas su placer à propos sa confiance. En rejetant les services de l'homme de génie qui sauva la France dans les défilés de l'Argonne, Marie-Antoinette s'est privée de l'unique appui qui lui restait encore[2]. »

« Dumouriez défendait dans le conseil les débris de la monarchie ; Roland, Servan et Clavière s'attachaient à jeter à bas ce qui restait encore[3]. »

Les Girondins ayant voulu contraindre Louis XVI à prendre pour confesseur un prêtre assermenté, Dumouriez que l'on se représente volontiers comme anticlérical, protesta énergiquement[4] et la rupture fut définitive. Deux faits la rendirent irréparable : la création d'un camp de 20.000 hommes sous Paris et le décret contre

1. Politique de tous les cabinets d'Europe.
2. FEUILLET DE CONCHES, *Louis XVI et Marie-Antoinette*.
3. POUJOULAT, *Histoire de la Révolution française*.
4. THIERS, *la Révolution française*, t. I, ch. III, pp. 207 et 208.

les prêtres. Dumouriez et Servan eurent à ce sujet une violente altercation et faillirent en venir aux mains[1]. A la fin Louis XVI pria le général de le débarrasser de « ces factieux insolents ». Dumouriez s'empressa d'exécuter cet ordre, mais il conseilla au roi de céder sur la question des décrets, se faisant fort d'expédier à la frontière les fédérés les plus turbulents. Quant à la question des prêtres, il se figurait en cédant apaiser le flot montant de la révolution[2]. A notre avis il avait tort; néanmoins Marie-Antoinette elle-même avait fini par adopter ce moyen de salut. Le roi, de plus en plus troublé par les événements, et flottant entre les influences les plus dissemblables, commença par se ranger à l'avis de Dumouriez, puis changea d'opinion.

Gouverneur Morris affirme que Dumouriez exposa à Louis XVI les moyens de renverser les Jacobins mais ne put faire adopter son projet[3]. Il écrit le 4 juin : « Je dîne chez Dumouriez, la société est bruyante et mal composée. Le dîner est encore pire. »

14 juin : « je dîne avec Dumouriez. Il a donné au roi et à la reine des assurances de son atta-

1. L. Madelin, *Histoire de la Révolution*, 1912.
2. Voir à l'appendice J la déclaration de Dumouriez sur cette question.
3. Gouverneur Morris, *Mémoires*, t. II, p. 306. Voir appendice K.

chement... Montmorin me dit que Dumouriez et Brissot sont sur le point de s'allier.

Ce qui semble avoir échappé à la plupart des historiens, c'est que le général proposa à Louis XVI un ministère de réaction avec le comte de Vergennes, neveu du célèbre diplomate qui dirigea les Affaires étrangères depuis 1774 jusqu'en 1787. On trouva dans l'armoire de fer les lettres suivantes de Dumouriez au roi :

12 juin.

... « Plus je réfléchis à votre détermination plus je juge nécessaire que Votre Majesté m'envoie tout de suite deux lettres de renvoi pour les sieurs Clavière et Roland en leur annonçant qu'ils remettront leurs portefeuilles à MM. de Vergennes et Mourgues. Je prie aussi Votre Majesté d'envoyer en même temps à MM. de Vergennes et Mourgues leurs nominations... »

12 juin, minuit.

« Sire, M. de Vergennes refuse... Je désirerais, si Votre Majesté agrée ses services, qu'elle voulût bien lui donner ordre de se rendre demain à 9 heures chez Elle. Il vous aime, Sire, et sûrement s'il entendait de votre bouche le désir de l'attacher à votre service, il ne pourrait pas s'y refuser [1]. »

Nous n'avons pas trouvé de traces d'une entrevue entre le roi et Vergennes, mais, dans une longue lettre du 13 juin, celui-ci déclare à Louis XVI que la tâche est au-dessus de ses forces.

En présence de ce refus, Dumouriez fait appel à Mourgues et à Naillac et prend le portefeuille de la Guerre en conservant provisoirement les Affaires étrangères. Mal reçu à l'Assemblée il tient tête à l'orage. Guadet s'écrie: « Il se croit déjà si sûr de sa puissance qu'il s'avise de nous donner des conseils. »

« — Et pourquoi pas ? » répond le général. Et déposant son rapport sur le bureau du président, il se retire lentement au milieu du tumulte [2].

Les historiens affirment tous que trois jours plus tard le ministre donna sa démission parce que Louis XVI refusait de sanctionner les décrets. La lettre suivante, adressée à Gensonné, en donne un motif différent :

1. Papiers trouvés dans l'armoire de fer, nᵒˢ 92 et 275. Les archives du marquis de Vergennes ne contiennent aucun document relatif à ce projet de ministère. Voir appendice I.
2. A. CHUQUET, *la Retraite de Brunswick.*

7

« Je suis trop lié avec vous pour ne pas vous dire le motif de ma démission: Le roi a demandé à l'Assemblée un décret pour me faire allouer six millions pour les dépenses secrètes du département. Cette demande a été accordée. Elle a été exprimée dans les mêmes termes dans le procès-verbal. Dans le décret on a eu la mauvaise foi de supprimer le mot *secrètes*. M. Guadet vient de faire la motion de me faire rendre un compte rigoureux en prétendant que ce ne sont que des fonds extraordinaires. Je n'ai dépensé que cinq à six cent mille francs... J'ai brûlé les quittances, comme cela se pratique toujours, pour ne pas compromettre les personnes employées. En les nommant, non seulement j'en exposerais plusieurs, mais je priverais mon successeur des moyens de servir utilement la chose publique, en violant le secret d'opérations qui doivent être ignorées...

« Le métier de ministre est trop avili; il ne convient pas à mon caractère. Je sors de cette place plus pauvre que je n'y suis entré... En prenant le ministère j'ai annoncé que la guerre une fois déclarée, je briserais ma plume pour reprendre mon épée[1]. »

Cette lettre, qui fait honneur au général,

1. Bibliothèque nationale. Fonds français, 3534, manuscrits.

prouve que dès cette époque les partis avancés n'avaient guère de scrupules à désorganiser le service des renseignements des ministères.

Lamothe-Langon estime que le roi n'aurait pas eu de serviteur plus fidèle que Dumouriez si Dumouriez eût pu compter sur le roi [1].

Le général serait vraisemblablement resté au ministère si Louis XVI lui eût donné carte blanche et se fût laissé conduire par lui. La reine s'y opposa ; Dumouriez la supplia en vain de se laisser sauver, elle n'avait pas confiance. Lafayette demandait à grands cris le renvoi du ministre, dont il jalousait l'influence et dont il craignait l'ambition : « Il ne voulait pas que l'on sauve le roi sans lui [2]. » « Je crains encore plus pour vous vos amis que vos ennemis », dit le ministre à Louis XVI.

— Je m'attends à la mort, répondit le roi, et je la leur pardonne d'avance. Vous m'avez bien servi, je vous estime et, s'il vient un temps plus heureux, je vous en donnerai des preuves. »

Dumouriez prit congé de Louis XVI les larmes aux yeux et fit ses préparatifs de départ pour l'armée.

Cinq jours plus tard l'émeute envahissant les

1. LAMOTHE-LANGON, *Histoire de la Révolution française.*
2. Lettre attribuée à Rivarol. *Mémoires de Mercier du Rocher.* Voir appendice L.

Tuileries coiffait le roi du bonnet rouge. Au milieu de la foule qui se pressait dans le jardin, se dissimulait Dumouriez, un large chapeau baissé sur les yeux. Il fit, dit Mathieu Dumas, un geste menaçant vers le pavillon central du château. S'appuyant sur ce récit, quelques auteurs ont insinué que le général était parmi les instigateurs du mouvement. Au contraire, pour tous ceux qui ont étudié son caractère, le geste de menace ne pouvait s'adresser qu'aux émeutiers.

A quelques pas de lui, un jeune officier corse au visage pâle, apercevant le roi coiffé du bonnet phrygien, s'écria : « Les misérables ! On devrait mitrailler les premiers cinq cents ; le reste prendrait vite la fuite [1]. »

Cet officier s'appelait Napoléon Bonaparte.

1. Louis Blanc, *Histoire de la Révolution française.*

CHAPITRE VII

A son départ du ministère, Dumouriez fut envoyé au camp de Maulde; c'est le moment où le duc de Brunswick passa la frontière et lança son fameux manifeste qui fut exploité comme on le sait contre Louis XVI. Jalousé, prétend-il, par Lafayette et Luckner, Dumouriez ne tarda pas à se brouiller avec eux [1].

Après les événements du 10 août, Lafayette ordonna aux généraux de faire prêter aux troupes un serment de fidélité au roi. Dumouriez s'y opposa, ne voulant pas, disait-il, introduire la politique dans l'armée en présence de l'ennemi. Lafayette mit en arrestation les commissaires de l'Assemblée, envoyés pour lui faire des reproches. Un décret d'accusation fut aussitôt

1. Voir appendice L et M.

lancé contre lui. Ainsi que Dumouriez devait le faire plus tard, Lafayette forma le projet de marcher sur Paris avec son armée ; abandonné par ses troupes, il fut réduit à émigrer.

Nommé général en chef à la suite de cette défection, Dumouriez se trouva avec cinquante mille hommes environ, dispersés le long de la frontière, en face d'un bloc de plus de cent mille Prussiens et Autrichiens entrant en Champagne.

Tout a été dit sur la campagne de 1792. On sait que Dumouriez sauva la France de l'invasion en refusant d'exécuter les ordres de la Convention. « Il fut amirable d'inspiration, de sang-froid, de tenacité; il couvrit la capitale en ayant l'air de l'abandonner[1]. » Il manquait de vivres, d'armes, de munitions[2]. Les célèbres volontaires avaient la fuite facile, puisqu'ils étaient ralliés tantôt par Baptiste, le valet de chambre repris par Dumouriez après sa séparation, tantôt par les demoiselles de Fernig dont nous reparlerons dans la suite.

Deux cents ennemis seulement furent mis hors de combat le jour de la grande victoire de Valmy, soit environ un homme par trois cents coups de canon. Mais cette bataille eut un grand retentis-

1. MORTIMER-TERNAUX, *Histoire de la Terreur.*
2. Voir *Archives nationales*, t. 281.

sement parce que les Prussiens croyaient tailler en pièces les hordes révolutionnaires, tandis qu'ils furent forcés de s'arrêter. Cette journée marqua pour l'Europe une ère nouvelle, ainsi que l'observa le grand poète Goethe qui faisait partie de l'armée allemande. Agé de quarante-trois ans et déjà célèbre, il fit ainsi la connaissance de Chateaubriand tout jeune, armé d'un mousquet dont le chien ne pouvait pas se rabattre. Notre grand écrivain reçut deux balles dans le manuscrit d'*Atala*.

On n'est guère plus d'accord sur la situation des armées en présence après Valmy que sur les causes de la retraite de Brunswick. Toutefois deux faits semblent acquis; le lendemain de Valmy, Brunswick pouvait écraser Dumouriez. Dix jours plus tard il devait être écrasé par lui [1]. Pourquoi ni l'un ni l'autre n'ont-ils profité de leurs avantages? Les Prussiens étaient trois fois plus nombreux que les Français; leurs troupes étaient solides, tandis que les fédérés étaient « pour la plupart des traînards ardents à l'émeute et lâches au combat [2] ». Dumouriez avait l'armée ennemie entre la France et lui; ses communica-

1. *Campagne de Brunswick en France*, par un officier prussien (traduction de DESRENAUDES) : « Si les Francs nous avaient poursuivis il eût fallu nous rendre sans résistance; ils ne pouvaient ignorer notre horrible situation. »

2. CHUQUET, *Valmy* (préface).

tions étaient coupées, excepté dans la direction de Sainte-Menehould. Les alliés étaient dans les faubourgs de Reims et à six lieues de Châlons[1]. Rien ne pouvait les empêcher de se rendre maîtres de Paris, disait plus tard Dumouriez. « Le prince de Cobourg était trop bon militaire pour n'en avoir pas profité *si on ne lui eût lié les mains*[2]. »

Le chambellan du duc de Wurtemberg demandait un jour au vainqueur de Valmy : Si vous aviez été Brunswick, vous auriez attaqué ?

— J'aurais attaqué et battu. Comment des troupes comme les miennes auraient-elles pu opposer la moindre résistance à une armée exercée et disciplinée ? Si Clairfayt eût commandé, le malheureux roi de France existerait encore[3]. »

Ce fut donc une grande habileté de la part de Dumouriez de négocier un armistice. Il espérait d'ailleurs toujours détacher la Prusse de l'alliance autrichienne, et multipliait les amabilités pour ses adversaires[4].

1. BARANTE, *Histoire de la Convention.*
2. Comte DE MESNARD, *Souvenirs.*
3. *Nouvelle revue rétrospective*, janvier 1901.
4. Talleyrand devait plus tard continuer la politique de Dumouriez : M. Fr. Charmes observe dans ses études historiques et diplomatiques que Talleyrand recherchait l'alliance de la Prusse « toujours poursuivie, toujours manquée ».

Apprenant que les vivres commencent à leur manquer, il adresse au *vertueux Manstein*, comme il l'appelle toujours, douze pains, douze livres de café et douze livres de sucre qu'il le prie d'offrir au roi de Prusse. « Il n'est rien que je ne fasse, ajoute-t-il, pour lui prouver combien il est aimé et estimé en France [1]. » Manstein le remercie et l'informe que Sa Majesté est très sensible à sa gracieuseté mais ne manque de rien. Quelques jours plus tard, Dumouriez cède à Brunswick 117 moutons, dont le roi de Prusse s'engage à payer la valeur quand l'ordre sera rétabli [2]. Le roi invite son aimable adversaire à dîner; après avoir accepté, le général se ravise et refuse.

Bientôt la situation des armées est transformée : des épidémies éclatent dans le camp humide et malsain des Prussiens qui manquent de tout. Au contraire des renforts arrivent à Dumouriez avec des vivres. Il écrit le 28 septembre à Biron : « J'ai commencé la campagne avec 17.000 hommes; les ennemis en avaient 80.000. A présent je vais en avoir près de 100.000 et les Prussiens en ont perdu 25.000... Sous

1. Archives historiques du ministère de la Guerre. *Correspondance de l'armée du nord.*

2. Archives historiques du ministère de la Guerre. *Correspondance de l'armée du Nord.*

quinze jours nous pouvons ruiner leur armée et terminer la guerre [1]. »

Goethe écrivait le 27 septembre : « Un miracle seul peut nous sauver [2]. »

Mais la Convention envoya et réitéra l'ordre formel de ne pas attaquer. Le général se contenta d'être moins aimable pour le roi de Prusse, et chargea Manstein d'exprimer ses regrets à Sa Majesté de ne pouvoir aller lui faire sa cour. Mais il a eu la surprise d'apprendre que « pendant sa conférence avec Manstein, les généraux prussiens faisaient canonner son avant-garde ». Puis en assurant Manstein de son estime et de son amitié, Dumouriez redemande la montre prêtée pour fixer l'heure du rendez-vous [3]. Ainsi l'on remarquait déjà chez nos voisins cet amour de l'exactitude qui fut cause de la disparition d'un si grand nombre de pendules en 1870.

Fersen disait au prince de Suède : « Dumouriez, qui a de l'esprit et de la finesse, jugea qu'il fallait amuser le duc de Brunswick, afin de gagner du temps pour se fortifier et faire consommer aux ennemis le peu de vivres qu'ils

1. *Archives nationales*, Papiers saisis chez Dumouriez. 5ᵉ cahier.

2. GOETHE, *Campagne de France*. Son opinion est confirmée par Archenholz, Minutoli, Lucchesini, etc.

3. Archives du ministère de la Guerre. *Correspondance de l'armée du Nord*.

avaient dans le pays le plus pauvre de la France[1]. »

Mais pourquoi Brunswick se laissa-t-il *amuser?* On a soutenu que son inaction avait été payée par les diamants de la couronne, mais cette accusation ne repose sur aucune preuve bien établie.

Dumouriez n'a jamais expliqué la cause secrète de la retraite de Valmy. Il s'est plaint aux ministres que des négociateurs fussent nommés sans son avis. « Westermann, écrit-il, me paraît bien choisi, en ce sens qu'il suivra mes ordres, mais qui diable a fait choix de Benoist?... Il ne sera ni reçu ni écouté au camp du roi de Prusse. *Si leurs instructions sont un secret pour le général, tant pis pour la chose publique...*

« Je n'irai pas gâter la campagne par une retraite déshonorante qui ôterait à notre armée toute son énergie et sa confiance, dans le temps où je force les Prussiens presque à capituler[2]. »

Mécontent que l'on négocie en dehors de lui, le général réclame le 24 septembre l'aide de Danton, parce qu'il éprouve « des contradictions sur le plan de campagne et sur les négociations[3] ».

Peut-être l'inaction de Brunswick fut-elle ob-

1. Papiers de Fersen.
2. *Archives nationales,* F⁷ 4688.
3. Papiers saisis chez Dumouriez, 5ᵉ cahier.

tenue par la promesse de la vie sauve pour Louis XVI[1]. Voici à ce sujet une lettre inédite de Beurnonville à Dumouriez :

28 septembre.

« Deux puissances demandent pour le roy sûreté, liberté et dignité. Je ne pense pas qu'il soit jamais entré dans le cœur d'aucun Français de tremper ses mains dans le sang de son ancien roy...

« Ne comptez votre armée que pour ce qu'elle vaut... Un accommodement provisoire vaudra l'impossible, car le pouvoir exécutif a tout mal fait et vous avez tout à réparer avant d'agir efficacement. Temporisez donc si vous pouvez[2]. »

Tallien racontait plus tard à d'Allonville : « Carra avait juré devant moi à Brunswick que la retraite des Prussiens était la condition du salut de la famille royale[3]. »

1. Le comte d'Espinchal mentionne ce bruit dans son journal d'émigration récemment publié par M. d'Hauterive et attribue la retraite de Brunswick à l'influence de l'Angleterre.

2. *Archives nationales*, F⁷ 4692.

3. D'Allonville, *Mémoires secrets.* Voir aussi, *Archives nationales*, F⁷ 4691, les lettres de Vienne adressées à Dumouriez.

Lamartine affirme enfin que Brunswick proposa un traité secret : Retraite des Prussiens et mise en liberté de Louis XVI (*Histoire des Girondins*, t. III, p. 201).

Le général en chef paraît avoir été tenu à l'écart des pourparlers ; il y avait donc un mystère que les ministres ne voulaient pas révéler à Dumouriez.

Celui-ci indiquait le 9 octobre à Kellermann le moyen de couper la retraite aux Prussiens « de façon qu'il n'en réchappe pas un[1]. » Mais il reçut du gouvernement l'ordre de ne pas les inquiéter[2]. Une explication ingénieuse de la retraite de Valmy a été donnée par M. Gustave Bord dont les savants travaux sur la franc-maçonnerie[3] sont connus et appréciés :

Brunswick était haut dignitaire de la maçonnerie allemande[4], Manstein et Lucchesini également ; les négociateurs français étaient francs-maçons. Il y eut à Valmy un accord secret ordonné par les chefs de la secte.

Cette hypothèse expliquerait pourquoi Dumouriez fut tenu à l'écart : il était en disgrâce pour avoir dénoncé à Louis XVI le 12 juillet 1789 la prise prochaine de la Bastille.

D'ailleurs la Révolution française et la mort

1. Papiers saisis chez Dumouriez, 5ᵉ cahier.
2. Louis BLANC, *Histoire de la Révolution française*, t. VIII, p. 277.
3. *Le complot maçonnique de 1789. La Franc-maçonnerie en France.*
4. Il n'en était pas le chef, comme on l'a affirmé dernièrement par erreur.

de Louis XVI avaient, croit-on, été décidées en Allemagne aux convents d'Ingolstadt et de Francfort[1]. Pourquoi la Prusse, inféodée aux idées maçonniques, aurait-elle écrasé la Révolution française ? On avait fait le geste de venir au secours de Louis XVI ; cela suffisait.

Est-ce à cette influence maçonnique que fait allusion Valence dans une lettre à Dumouriez où il parle « d'un *grand poids* que Brunswick et Lucchesini ont sur leurs déterminations[2] » ?

Les émigrés furent, comme on le pense, consternés par la retraite de Brunswick. On ne cessait de faire force démarches auprès de Dumouriez pour l'entraîner dans le parti du comte de Provence. Breteuil écrivait à Fersen quelques jours avant Valmy : « Nous avons envoyé deux émissaires à M. Dumouriez. C'est le comte Du-

---

1. Voir : CADET DE GASSICOURT, *le Tombeau de Jacques Molai*.

BARRUEL, *Mémoires* pour servir à l'histoire du Jacobinisme.

Rapport du comte de Haugwitz sur les sociétés secrètes. *Darrows Dankschriften und briefen zur chaȓacteristik der welt und Litteratur*, Berlin, 1840, t. IV, pp. II et suivantes.

Lettres de Mgr Mathieu et Mgr Besson.

DESCHAMPS, *les Sociétés secrètes*, t. II, pp. 134 et suiv.

GAUTHEROT, *Histoire de l'Assemblée constituante*, ch. II.

DE LANNOY, *la Révolution préparée par la franc-maçonnerie*. Cette opinion toutefois n'est pas confirmée par M. G. Bord dans son récent ouvrage : *Autour du Temple*.

2. *Archives nationales* F' 4688.

moutier qui a cru pouvoir lui écrire d'après les conversations qu'il avait eues avec lui à Paris.

« La cour de Berlin espérait que Dumouriez voulait l'entendre parce qu'il avait envoyé un émissaire à Berlin il y a quelques mois [1]. » En effet le marquis de Maleyssie prétend dans ses *Mémoires* que le général était prêt à marcher sur Paris avec les alliés et les émigrés quand il croyait facile l'écrasement de l'anarchie. « Mais quand il jugea Brunswick, ses fautes, sa lenteur lui firent prévoir l'issue de la campagne. » Brunswick insista auprès de Maleyssie pour le charger d'un nouveau message pour Dumouriez, en lui disant : « Ce service sera le plus grand de tous ceux que vous nous avez rendus. » Il me défendit, continue Maleyssie, de porter la lettre moi-même ; le jeune Domballe en fut chargé. Deux officiers généraux étaient avec Dumouriez. Il lut la lettre deux fois, réfléchit un moment, la déchira et la brûla. Il questionna le porteur sur le nom et le signalement de celui qui la lui avait remise. Il lui déclara : « Dites que je ne sais plus répondre qu'à coups de canon [2]. »

Fersen faisant allusion à cette réponse concluait : « Vous voyez qu'il n'y a rien à faire avec ce drôle. Mais peut-être avons-nous la ressource

1. Papiers de Fersen.
2. *Mémoires de M. de Maleyssie.*

de l'attaquer par la voie de Rivarol. Sa sœur a un crédit absolu sur Dumouriez. Elle devait lui donner rendez-vous à la frontière pour l'endoctriner. Il faut que l'évêque suive cette affaire avec vous. »

Évidemment, le général livré à lui-même inclinait du côté des idées révolutionnaires, tandis que l'influence de Mme de Barruel-Beauvert l'inclinait vers les idées contraires. Nous ignorons si elle obtint la collaboration de l'évêque en question, que nous croyons être l'évêque de Pamiers.

Aussitôt après l'ouverture des négociations, Breteuil écrivait : « Les aides de camp du roi de Prusse se sont laissé tromper par Dumouriez. L'orgueil de ce gueux doit le rendre aujourd'hui inabordable. »

Ce qui rendait le général inabordable c'est qu'il ne voulait pas de l'aide de l'étranger pour marcher sur Paris. Il déclara ne pouvoir travailler à sauver Louis XVI tant qu'il aurait une invasion à combattre [1].

Pendant que les émigrés espéraient attirer Dumouriez dans leur camp par l'influence de Mme de Barruel-Beauvert, les Jacobins tentaient d'agir sur le roi de Prusse en envoyant chez

1. BOURGOING, *Histoire diplomatique de l'Europe.*

Mme de Lichtenau sa maîtresse, le chef des relations extérieures, Benoist. Ils ne réussirent pas plus les uns que les autres.

Le général s'était arraché avec peine à l'affection de Mme de Barruel et, lorsqu'il apprit l'émeute de 10 août, il résolut de la faire venir le plus près possible de son camp, puisque même à Paris elle n'était plus en sûreté. « J'ai arrangé avec M. d'Aoust, lui écrit-il, que tu iras descendre chez lui à la campagne, à la porte de Douay. Tu seras censée en pension chez son curé. Ce galant homme, qui était jadis marquis, m'est fort attaché [1]. »

Au moment de Valmy Mme de Barruel était retournée à Paris, comme l'indique la correspondance suivante :

Clermont-en-Argonne [2].

« Vous m'impatientez, chère amie, avec vos tons de Parisienne. Vous commandez à un

1. *Archives nationales*, F⁷ 4691.

2. Nous faisons toutes réserves quant à l'authenticité de cette lettre et de la suivante publiées par GRILLE (*Lettres, mémoires et documents sur le 1ᵉʳ bataillon des volontaires de Maine-et-Loire*, t. II, pp. 591 et suiv.). Dans une savante étude sur Beaurepaire (Angers, 1911, p. 6), M. X. de Petigny affirme que Grille a dénaturé la correspondance du défenseur de Verdun ; nous nous demandons s'il n'aurait pas agi de même vis-à-vis de Dumouriez. En tout cas les dates indiquées par Grille sont inexactes, car elles sont contredites

général comme à un valet. Vous n'êtes plus digne de mon amour puisque vous ne songez plus à ma gloire... Vous me perdriez et feriez ma honte si je vous écoutais.

« Oh que vous êtes sotte et vaine, et sottement éprise de ces plaisirs qui ne doivent être que des délassements et non pas l'unique affaire de la vie !...

« J'ai des lettres de dix envieux et rivaux et ennemis qui me trompent et veulent m'endormir. Je n'ai rien reçu de vous, ingrate. Réveillez-vous ; parlez : que sont les élections ?... Que devient-on au Temple ?

« ... Au bout de la campagne, si elle est heureuse, je me consacre à vous tout entier, je vous associe à ma fortune, je vous donne un nom que j'aurai illustré, et cet ambitieux au premier chef, comme vous l'appelez, devient à vos pieds le plus tendre et le plus fade des Céladons. »

Paris, 20 septembre (?)

« Coquin que vous êtes, vous me grondez d'abord pour m'exciter et vous finissez par me dire des douceurs pour avoir des nouvelles.

par les documents saisis chez le général (*Archives nationales*, F⁷ 4691 et 4692) ainsi que par la correspondance que nous citons plus loin.

« ... Le Temple est agité et il a raison de l'être... Les rois en prison n'en sortent guère pour aller se promener, encore moins pour reprendre le sceptre...

« Robespierre vous admire et vous craint. Il craint tout ce qui de près ou de loin gêne l'exécution de projets qu'il n'avoue pas clairement mais qu'il a, on le sent, on le voit, et qui éclateront comme une bombe...

« Si j'avais été à la place de Marie-Antoinette, je ne me serais pas laissé prendre au trébuchet comme une sotte que vous dites pourtant que je suis...

« Marat a souvent reçu de l'argent du prince et la cour lui en a fait un crime. Cela lui sied bien : la cour a payé Marat et vingt autres; et si elle n'a pas réussi, c'est qu'elle s'est adressée à des misérables sans cœur et sans foi.

« Le duc a donné de l'or à Marat pour lui remplir la bouche et l'empêcher de beugler. Le scélérat a pris la bourse et a mugi de plus belle...

« Le prince (Égalité) s'est mêlé au peuple et aux goujats, et savez-vous par où il finira ? Par la lanterne...

« Êtes-vous content ? J'en suis tout étourdie, j'écris depuis deux heures. Il faut que je vous quitte pour allez chez ma lingère... Je prends plus de part que vous ne pensez à vos batailles, et quand je vous sais au milieu de tant de périls, je n'ai pas une minute de calme. Si je vais à l'Opéra c'est pour tuer le temps, et je passe des nuits effroyables.

« Ne vous exposez pas plus que vous ne devez et songez que ma vie est attachée à la vôtre.

« HÉLOÏSE. »

« Je vous ai tout sacrifié, ma réputation, mon repos, je mériterais bien le retour que vous me promettez avec des expressions si vives et si tendres. Mais je vous connais trop et je ne puis m'abuser. Vous êtes un grand diplomate en même temps qu'un grand guerrier. Vous jouez parfaitement la comédie... Partout vous avez des maîtresses, et si vous voulez je vous nommerai celle qui est à présent près de vous. Elle est jolie, bien faite, elle a les yeux bleus comme moi, mais elle est stupide et vous me faites pitié d'en être réduit à une telle créature...

« Ah mon héros, quand vous reverrai-je pour vous faire expier toutes vos fautes, ou plutôt, méchant, pour vous les pardonner ! »

20 septembre 1793 [1].

« J'ai reçu ta lettre, mon cher ami, elle m'a rendu la vie ; je ne savais de tes nouvelles que par le journal du soir, qui, la plupart du tems, ment comme un coquin. Le pauvre Montauban a pleuré de joie sur le peu que je lui en ai lu.

« Je te dirai donc, mon bien-aimé ami, que c'est avec lui que je pars, et que c'est chez le Père éternel à l'abbaye du Mont Saint-Martin [2] que nous allons d'abord...

« Si tu trouves le moyen de me faire venir près de toi, n'en parle à personne, car je te dirai qu'on est aux aguès pour savoir si je vais te rejoindre. C'est dans cette crainte qu'on m'a toujours refusé un passeport...

« Je préviendrai M. de Marassé que tu lui adresseras mes lettres ; ne mets aucune autre adresse que : Mlle Neuilly, pour remettre à Mme B... M. Westermann te remettra ma lettre et la boitte à portrait que tu m'avais demandée et une autre boitte que tu avais laissée chez ton neveu. Je crois que c'est une poudre pour les

1. *Archives nationales*, F⁷ 4692.
2. Un rapport de Carnot et Lesage (avril 1793) expose à la Convention que « Tort de la Sonde a acheté pour Dumouriez, sous le nom de Sainte-Foix, l'abbaye de Saint-Martin, près de laquelle le scélérat est né ».

blessures, cela fait trembler ! Je souhaite et j'espère bien que tu n'en auras pas besoin et que Dieu veillera sur tes jours... Je t'aime et t'embrasse un million de fois, et suis toujours ta tendre, constante et fidelle Biche. »

S'il faut en croire M. Drumont[1], Westermann ne portait pas seulement cette lettre à Dumouriez, mais aussi les diamants de la couronne volés au garde-meuble par l'ordre de Danton et destinés à l'entourage du duc de Brunswick à moins que ce ne fût au duc lui-même. « La participation de Westermann dans le vol du garde-meuble était si connue que le premier soin des représentants en mission à Strasbourg fut de faire une perquisition dans ses bagages. »

Mme de Barruel-Beauvert rejoignit son amant aussitôt que les pourparlers avec Brunswick eurent interrompu les hostilités. Dès le 22 septembre, le jeune de Schomberg écrit à son oncle : « Mme de Barruel-Beauvert vient de passer à Saint-Quentin... Ma tante, l'abbesse[2], m'a chargé de vous dire que la différence d'état ne nuisait pas à sa tendresse pour vous. Tout le

1. Le vol des diamants de la couronne. *Revue de la Révolution*, 1885, p. 174. Cette hypothèse est contredite par M. Germain Bapst dont les arguments semblent assez probants (*Histoire des joyaux de la couronne*).

2. L'abbesse de Fervacques, sœur de Dumouriez.

monde admire sa philosophie et sa soumission aux lois. »

Jemmapes fut une plus grande victoire que Valmy, et la conquête de la Belgique en fut le résultat [1].

Le centre de l'armée française avait d'abord commencé à plier et à fuir; Dumouriez le rallia avec son aide de camp le jeune duc de Chartres: « Chargez, lui dit-il, petit-fils de Henri IV. » Le prince se montra digne de son aïeul. En même temps le fidèle Baptiste ralliait les volontaires en déroute. Cité à l'ordre du jour, Baptiste eut quelques semaines plus tard les honneurs de la Convention. Présenté à la barre par un officier, il demanda pour toute récompense la gloire de porter l'uniforme national. « A ces mots, l'attendrissement gagna l'Assemblée ; l'officier se jeta au cou de Baptiste ; le président embrassa ce brave homme ; plusieurs membres en firent autant [2]. »

Désormais Dumouriez était considéré comme le sauveur de la patrie. Parmi les témoignages d'admiration qu'il reçut dès la victoire de Valmy, citons le trait de Mlle Montansier, fondatrice du

1. On proposa à la Convention d'en célébrer chaque anniversaire par une fête nationale.

2. *Correspondance de Virieu avec Ventura.* Voir, appendice O, le discours de Collot d'Herbois à Dumouriez.

théâtre qui porte son nom. Elle équipa à ses frais quatre-vingts volontaires et les envoya au général.

Après le 10 août, Dumouriez avait déclaré accepter avec joie la République : il voulait ainsi ménager la Convention jusqu'au jour où il serait en mesure de l'écraser. Mais on voyait « sous son bonnet rouge percer le bout de l'oreille aristocratique [1]. »

Rivarol disait depuis deux ans : « Nous aurons quelque soldat heureux, car les révolutions périssent toujours par le sabre. » Dumouriez voulut être ce soldat heureux. Après Jemmapes il espéra devenir dictateur, mais il eut le tort de ne pas agir assez vite.

Dans l'opinion de M. Chuquet, Biron et Lafayette avaient caressé le même rêve. A la fin d'avril 1792, les Lameth, Clermont-Tonnerre, du Port, Beaumetz, « comptaient que Biron aurait des succès, mènerait à Paris son armée victorieuse pour chasser l'Assemblée et établir un nouveau gouvernement.

Lafayette ne faisait-il pas le même calcul ? N'écrivait-il pas à Jaucourt qu'il aspirait à la dictature et s'en croyait digne [2] ? »

1. Lettre attribuée à Rivarol.
2. *Feuilles d'histoire*, 1ᵉʳ juillet 1913.

CHAPITRE VIII

LA MORT DE LOUIS XVI

Tandis que Dumouriez faisait la conquête de la Belgique, la Convention commençait à s'effrayer de la popularité de ce général si habile et si heureux. Cambon déclara à la tribune : « Rien n'est plus dangereux pour une République qu'un général victorieux. »

Lorsqu'après Jemmapes, Dumouriez passa quelques jours à Paris, Marat pressentit un dictateur possible et vint lui demander compte d'une punition infligée à un bataillon de volontaires : quatre émigrés prisonniers avaient été massacrés par les patriotes. Le général dégrada et désarma les auteurs de cette cruauté. On pouvait donc l'accuser de protéger les ennemis de la révolution.

Un soir le célèbre Talma et Mlle Candeille, sa femme, donnèrent en l'honneur de Dumouriez une fête dans leur hôtel de la rue Chantereine. C'est cet hôtel qui devint la résidence de Bonaparte au moment du 18 Brumaire.

On s'empressait autour du vainqueur de Jemmapes, escorté de deux aides de camp, Rohan-Chabot et Moreton. Dans l'assistance on signalait Chénier, Ducis, Chamfort, la Harpe, Ducos, Legouvé. Tout à coup paraît une sorte de monstre sale et crotté, coiffé d'un vieux madras rouge. Il s'avance vers le général et lui exprime son étonnement des punitions infligées au bataillon fédéré.

— Mais qui êtes-vous, monsieur, pour m'interroger ? lui répliqua Dumouriez.

— Je suis Marat.

— Ah ! c'est vous qu'on appelle Marat. Eh bien, je n'ai rien à vous dire[1].

Et après l'avoir toisé avec mépris, le général lui tourna le dos. Quelques officiers expulsèrent l'intrus, et deux jolies actrices firent brûler du sucre sur la trace de ses pas.

Le lendemain le journal de Marat publiait un article sur « la grande conspiration découverte par l'ami du peuple ». Des admirateurs de Dumouriez allèrent faire une manifestation sous les fenêtres de Marat. L'ami du peuple se cacha

1. MORTIMER-TERNAUX, *Histoire de la Terreur.*

dans sa cave, suivant son habitude ; mais lorsqu'il eut l'imprudence de sortir, il fut reconnu par des officiers de l'armée du Nord et reçut une correction à coups de plat de sabre. Désormais Marat était l'ennemi mortel de Dumouriez ; il entraîna dans sa haine tous ceux qui commençaient à redouter une dictature militaire [1]. Telle fut la principale raison des difficultés qui attendaient le général dans la campagne de Belgique. Nous en verrons tout à l'heure l'aveu dans les mémoires de plusieurs de ses contemporains. Aussitôt son retour à l'armée, Dumouriez se plaint que le gouvernement le laisse manquer de tout. Puis les commissaires des guerres sont remplacés par des Juifs qui contrarient tous les projets du général.

« Toute l'armée, écrit-il, est découragée en voyant que ni l'honneur ni la liberté des citoyens ne sont à l'abri d'une calomnie ou d'une accusation… Je ne garderai le commandement qu'aux conditions que j'ai écrites à la Convention. Il faut que je sois maître de mes moyens… Je n'ai ni pain, ni argent, ni fourrages [2]…

« On m'a donné pour adjoint un danseur de chez Nicolet. Je passerais sur ce titre s'il avait au-

1. Le docteur Chaumine écrivait : « Dumouriez n'est resté à Paris que quatre jours ; on l'a fêté, couronné et insulté… On le craint sans pouvoir l'arrêter. »
2. 30 novembre 1792.

tant de talents que de souplesse dans les reins…

« L'administration est totalement désorganisée et remplacée par des hommes qui reconnaissent eux-mêmes leur incapacité. L'armée manque de tout. Si cet état de choses n'est pas changé, je donne ma démission dans huit jours[1].

« Je fais faire à Liège des souliers à 3 livres 15; ils sont excellents. Vous m'en envoyez de détestables qui coûtent 7 à 8 livres…

« Toutes les précautions qu'on a prises contre moi étaient bonnes contre un petit ambitieux comme Lafayette[2].

« … On laisse mourir de faim les armées de la République pour protéger un comité des achats qui n'est qu'une société d'accapareurs et de Juifs[3]. »

Le bien-fondé des plaintes du général fut reconnu par Carnot, Dubois-Grancé, Merlin de Thionville, Gouvion-Saint-Cyr, etc.[4].

Sous prétexte d'apporter la liberté aux Belges, les commissaires de la Convention mirent le pays au pillage. Partout les trésors des églises et des monastères furent confisqués. A Anvers on arrête l'évêque, les magistrats et les notables.

1. 2 décembre (*Correspondance de Dumouriez avec Pache*).
2. 7 décembre 1792.
3. 25 décembre.
4. Voir ROUSSET, *les Volontaires de 1792*.

A Bruxelles Sainte-Gudule est saccagée; des volontaires s'affublent d'ornements sacerdotaux, se grisent dans la cathédrale et cassent tout. Dumouriez punit les meneurs, fit remettre les prisonniers en liberté et restituer les trésors confisqués, sans s'inquiéter de la colère des commissaires de la Convention. Chépy protesta si violemment que le général le fit arrêter. « Je ne consentirai jamais, écrivit-il au ministre, à être le fléau d'un peuple à qui j'ai cru apporter la liberté [1]. »

Dumouriez était devenu rapidement populaire en Belgique où tous les habitants partageaient les sentiments exprimés dans la lettre suivante envoyée par la Société des amis de la liberté d'Ostende :

« Votre nom et vos vertues ont retantie d'un pol à l'autre, et les nations qui gémissent sous le joug du despotisme chanselant, n'aspire que le moment que vous veniez briser leur chaîne [2]. »

Parfois il recevait des pétitions comme celle de Mme Vaneste, exposant que son mari est en prison « parce qu'il aimait trop les filles. Je supplie Votre Grandeur avec le plus profond

1. MM. Cruyplants et Aerts vont prochainement publier à Bruxelles deux volumes sur l'expédition de Dumouriez dans les Pays-Bas.
2. *Archives nationales*, F⁷ 4688.

respect et la plus grande soumission de le délivrer. Que votre puissance lui permette d'entrer dessous les drapeaux dans les dragons[1]. »

Mais les exactions des commissaires de la Convention causaient un profond mécontentement, et dans beaucoup de localités, les Belges prenaient les armes contre les Français. Les projets de Dumouriez se trouvaient ainsi bouleversés : il comptait profiter de sa popularité naissante pour incorporer l'armée belge dans ses troupes, lever un certain nombre de régiments en Hollande, puis « rejeter les Autrichiens en Allemagne pour pouvoir ensuite à la tête d'une armée formidable exterminer la Convention, rétablir la monarchie et dicter la paix à l'Europe[2]. »

Sur ces entrefaites, il apprit que le procès de Louis XVI prenait une mauvaise tournure. Il partit pour Paris tout seul, ne jugeant pas le moment encore venu d'y paraître en dictateur : Son armée n'était pas en état de marcher sur la capitale, puisqu'elle manquait de tout; les chevaux de l'artillerie étaient morts de faim. De plus c'eût été pour les alliés le signal de l'invasion.

1. Papiers saisis chez Dumouriez.
2. Conversation avec Metternich, 18 juin 1793. *Zeissberg Der Herzog Karl*, t. III, p. 117.

Quelques émigrés se figurèrent que ce voyage cachait le projet de remplacer Louis XVI soit par Philippe-Égalité, soit par le jeune duc de Chartres [1]. On alla jusqu'à répandre une brochure anonyme pour démontrer que Dumouriez était complice de Marat.

Nous avons vu, chapitre vi, ce qu'il fallait penser de ces assertions, formellement contredites par la plupart des contemporains du général, ainsi que par les *Mémoires* de Dumouriez. On a objecté que ces mémoires ayant été écrits sous la Restauration, les événements ont pu être présentés sous un jour spécial. Or c'est une seconde édition qui a paru sous la Restauration ; la première est datée de 1794. L'un des chefs d'accusation contre les Girondins au moment de leur proscription, fut d'avoir conspiré avec Dumouriez, « quand il fit à Paris un voyage mystérieux *pour arracher le tyran au supplice* [2] ».

1. MICHAUD dans le *Dictionnaire biographique* s'est fait l'écho de cette accusation.

2. Discours du maire de Paris, *Mémoires de Durand de Maillane*, p. 92.

Voir aussi : Lettres de Dumouriez à Touffener sur le moyen de sauver la famille royale.

Lettres de Sainte-Foy, papiers trouvés dans l'armoire de fer, n° 275.

WALTER SCOTT, *Histoire de Napoléon Ier*, t. II.

Mémoires tirés des papiers d'un homme d'État. « Dumouriez travaillait sincèrement, quoique sans espoir de succès, à sauver Louis XVI », t. I, p. 476, etc.

Tissot estime que le récit des tentatives du général pour sauver le roi porte le cachet de la vraisemblance et de la vérité [1].

Dumouriez trouva Paris en pleine Terreur ; cependant quarante théâtres ou concerts jouaient tous les soirs. La fameuse Olympe de Gouges venait de faire représenter un drame intitulé : *le Général Dumouriez*. Le jour de la première représentation la pièce ayant été sifflée, Olympe de Gouges escalada la scène et déclara que l'insuccès venait de l'inexpérience des acteurs. Le public envahit les planches et se mit à danser en chantant *la Carmagnole*.

Le général ne tarda pas à se voir dénoncer par les Jacobins comme conspirateur. Poursuivi un jour par des bandes à la solde de Marat, il faillit être assassiné, mais il put se réfugier dans une maison à deux issues.

On lisait dans le numéro XXVI du *Journal de la République* : « Depuis huit jours le grand général Dumouriez tient des conciliabules secrets chez sa nymphe, 23, rue Neuve-Saint-Marc, chez celle de Barot, rue Bayette, maison du Vitrier, et chez celle de Rouret, 8, rue d'Orléans-Égalité. Le général Biron et tous les membres de la faction y assistent régulièrement de 8 heures du soir à

1. Tissot, *Histoire de la Révolution française.*
Voir appendice D2.

2 heures de la nuit. Leur but est de machiner contre Pache… On dit qu'il y fut aussi question de gagner les nationaux pour arracher le tyran au supplice. »

Dumouriez profita de son ancienne liaison avec Gensonné pour agir en faveur du roi auprès des Girondins. Il leur prédit que leur condamnation suivrait de près celle de Louis XVI ; il leur proposa d'amener douze mille hommes à Paris pour maintenir la sécurité et l'indépendance des représentants. Kersaint, Louvet, Grangeneuve donnèrent leur approbation ; mais Vergniaud, Brissot et Guadet firent rejeter cette offre.

Sieyès proposa aussi une alliance avec Dumouriez ; il ne fut pas écouté[1].

Le général trouva partout des gens effrayés et irrésolus, déclarant que toute intervention en faveur du roi amènerait des massacres comme en septembre. Il chercha en vain un membre de la Convention osant proposer d'ajourner la fin du procès jusqu'après la guerre[2] ; Vergniaud jura de ne voter la mort en aucun cas ; Pétion promit de faire ce qu'il pourrait, mais Dumouriez n'était plus en mesure de lui verser mille francs par jour, comme au temps de son ministère.

1. A. Neton, *Sieyès*, Paris, 1900.
2. Major von Boguslawski, *Der general Dumouriez*, Berlin, 1879, p. 152. Cet ouvrage n'a pas été traduit en français.

Le général se retourna alors du côté des Jacobins. Santerre et Garat semblèrent un moment disposés à le seconder ; il fit une tentative infructueuse auprès de Robespierre qui le dénonça. Danton au contraire, avec lequel il avait toujours négocié, était acheté par les monarchistes [1]. Il déclara : « Je ferai mon possible ; seulement si je vois que je ne suis pas certain de sauver le roi, je voterai la mort, car je tiens encore plus à ma tête qu'à la sienne. »

On a trouvé suspecte l'entrevue que Dumouriez eut alors avec le duc d'Orléans. Voici, d'après Lamothe-Langon, quel en fut le but : prévoyant l'issue funeste du procès de Louis XVI, le général insista auprès de Philippe-Égalité pour qu'il cessât de prétendre au trône et donnât sa place au duc de Chartres. Danton parla de ce projet à Robespierre. Celui-ci refusa et fit peur à Danton qui cessa ostensiblement de soutenir Dumouriez [2].

Le général écrivait alors à Biron : « Cette séquelle se prend pour un gouvernement. Mais je ne veux pas être pris au dépourvu. J'ai sous la main de quoi leur donner à réfléchir et

1. Sur la vénalité de Danton voir les témoignages de Brissot, Bertrand de Molleville, Mirabeau, Lafayette, Mme Roland, Robespierre, Levasseur, Thiers, Mignet, etc.

2. LAMOTHE-LANGON, *Histoire de la Révolution française.*

emploi pour la situation qui va se dénouer. »

Dumouriez avait eu pour courrier Drouet, frère de l'homme de Varennes, et se figurait pouvoir compter sur lui. « Il lui peignit avec tant d'énergie l'atrocité de ce crime (la mort de Louis XVI), que Drouet promit de demander la suspension du procès à la Convention et aux Jacobins. Mais il tomba malade et ne put prendre part au vote. Une fois guéri il dénonça la démarche de Dumouriez [1]. » Tous les jours le général parcourait Paris, faisant partout de la propagande contre le procès du roi. Dans les milieux bourgeois on lui affirma que ses efforts seraient inutiles, que les bandes de Maillard étaient décidées à aller assassiner Louis XVI, si la Convention ne le condamnait pas [2].

Dumouriez constata « qu'en se mêlant du procès du roi, il se perdrait sans sauver Louis XVI [3] ». Il accepta cependant de collaborer à l'héroïque tentative du baron de Batz [4]. D'après diverses correspondances de l'époque, le général devait le 21 janvier, à la tête de 300 hommes, arracher le roi à la guillotine.

Il est fort surprenant néanmoins qu'il n'en

1. *Mémoires de Dumouriez.*
2. Major Boguslawski, *Der general Dumouriez.*
3. Sorel, *l'Europe et la Révolution française.*
4. Lamartine, *Histoire des Girondins*, t. IV.

dise pas un mot dans ses *Mémoires*. Il raconte seulement que, le 18 janvier, il tomba malade de fatigue et de chagrin dans une petite maison de la banlieue. C'est sans doute ce motif qui l'empêcha de rejoindre le célèbre conspirateur Jean de Batz[1]. Mais il fut également averti du formidable déploiement de forces destiné à neutraliser sa tentative. Toutes les troupes dévouées à la révolution étaient sur pied avec soixante-douze pièces d'artillerie, pour réprimer les efforts des royalistes. Batz et Dumouriez, dont les projets étaient soupçonnés, allaient à un échec certain.

Aussitôt rétabli, le général partit, se promettant de revenir bientôt à la tête de son armée. « C'est, écrivit-il à Miranda, un temps de proscription, de démence et de méchanceté que l'on ne peut comparer qu'aux siècles de Tibère et de Néron. »

Sur le conseil de Dumouriez, le duc de Chartres adressa au duc d'Orléans une lettre énergique de protestation contre son attitude au cours du procès de Louis XVI. Le sort du Dauphin étant facile à prévoir, Dumouriez crut alors pouvoir mettre sur le trône son jeune aide

---

1. Un curieux ouvrage vient de compléter l'étude de M. Lenôtre sur ce héros qui, à lui seul, tint en échec le comité de Salut public et la Convention : *la Vie et les conspirations de Jean de Batz*, par le baron DE BATZ.

de camp ; il le considérait comme une transaction entre l'ancien régime et les partisans honnêtes des idées réformatrices. Suivant l'expression de Michelet[1], Dumouriez voyait dans le duc
de Chartres « un en-cas pour si la famille royale
disparaissait ». Mais il continua à étudier la possibilité d'une dictature à deux avec Danton
comme une étape vers la monarchie constitutionnelle[2]. Il considérait Danton comme le seul
homme assez énergique pour lutter contre Robespierre et Marat. Au cas où le duc de Chartres
aurait été proclamé roi des Français, Dumouriez comptait se faire nommer président de la
République des Pays-Bas.

1. MICHELET, *Histoire de France.*
2. Th. LAMETH raconte dans ses *Mémoires* que Danton
« combina avec Lacroix les moyens de faire évader Louis XVI.
Il est vraisemblable qu'il a cherché plus tard à faire évader
la reine et le Dauphin ». MATHIEZ : Négociations de Danton
avec les royalistes. *Annales révolutionnaires*, janvier 1913.
Voir aussi *Annales révolutionnaires*, 1912, t. V, p. 92.

CHAPITRE IX

NEERWINDE

Aussitôt son départ de Paris, on agita de nouveau la question de l'arrestation de Dumouriez.

— Mais, objecta Robespierre, on n'arrête pas un général victorieux.

— Eh bien faisons-le battre, répondit Dubois-Crancé [1].

Un autre conventionnel tenait exactement le même langage à Lebrun [2].

Il n'y a pas à chercher ailleurs les causes de la défaite de Neerwinde. La Convention continua à contrarier tous les projets de Dumouriez et à laisser les troupes manquer de tout. Puis elle fit répandre dans l'armée le bruit que le général était un conspirateur et un traître. Le mot d'ordre fut donné aux patriotes de déserter. Bientôt

1. LEDIEU, le Général Dumouriez.
2. SOREL, l'Europe et la Révolution, t. III, p. 251.

l'armée fut diminuée de moitié. « Les officiers donnaient l'exemple de l'insubordination et quelquefois de la lâcheté. Le général ignorait la position de ses corps d'armée parce qu'ils ne restaient jamais dans celle qui leur était ordonnée, Aucun moyen de punir ou d'assurer l'obéissance. Les soldats mal armés, toujours débandés et pillards n'avaient aucune loi, aucun frein [1]. »

Miranda écrivait le 28 janvier 1793 : « L'armée me paraît assez dégoûtée de la manière dont le ministre se conduit vis-à-vis d'elle... Je prévois que dans quinze jours elle se débandera peut-être [2]. » Ceux des commissaires de la Convention qui n'étaient pas dans le secret, soupçonnaient les machinations contre Dumouriez, sans avoir de certitude.

Voici des rapports inédits qui ne peuvent être suspects de partialité puisqu'ils émanent d'ennemis du général :

Chépy à Lebrun :

«... L'armée est dans un dénuement affreux... il y a une *conjuration secrette et profonde contre le succès de nos armées* [3]. »

1. *Mémoires de Dumouriez.*
2. *Archives nationales*, F¹ 4688.
3. *Archives nationales*, F¹, E¹¹.

Rouhière à Lebrun.

« On a tellement vexé, tellement entravé Dumouriez dans ses plans et ses opérations, que je ne doute plus à présent qu'il y ait un coup monté pour le dégoûter... On lui a coupé bras et jambes, on a fait manquer la plus belle opération que jamais général ait pu concevoir...

« On vient d'apporter la nouvelle de la désertion entière du bataillon du Pas-de-Calais et de trente canonniers sur trente-quatre de la section du Luxembourg... On ne peut se faire une idée au loin de l'état affreux de l'armée et de la position du brave homme qui la commande. Il faut qu'un démon désorganisateur et malveillant ait *conspiré la perte de nos armées*, et veuille nous *préparer des défaites*. Quand on s'entendrait avec nos ennemis on ne se comporterait pas d'une autre manière[1]. »

Le même Rouhière exprimait sa surprise de voir Ronsin afficher le projet de contrarier Dumouriez et lui faire « une guerre scandaleuse... Le général finira par donner sa démission. Évitez ce malheur à notre patrie ».

D'après M. H. Furgeot[2], Saint-Huruge avait été envoyé à l'armée du Nord avec mission de

1. *Archives nationales*, F1, E11.
2. H. FURGEOT, *Vie de Saint-Huruge*.

faire révolter les soldats contre les officiers. Dareste a donc raison d'affirmer[1] que Dumouriez échoua en Hollande et dans ses négociations avec l'Angleterre, « par la jalousie de Pache, de Clavière et de Monge ». Il aurait seulement dû ajouter : par la volonté de Robespierre et de Marat.

Pache n'avait jamais pardonné à Dumouriez son apostrophe en plein conseil des ministres : « Vous êtes un imbécile fieffé ou un grand coquin. » Pache reçut le coup sans sourciller mais ne l'oublia pas[2]. Il obtint le concours de Lerminal, commissaire de la trésorerie et le général fut averti que l'on distribuait de l'argent pour exciter l'opinion contre lui. « L'explosion est plus proche peut-être que vous ne pensez[3] », lui disait-on dès le mois de janvier. Lambert, commissaire des guerres, lui écrit : « *On veut* que votre armée manque de tout[4]. »

Lebon : « J'ai appris que vous étiez décidé à vous faire rendre justice contre ceux qui concourent à la détresse de nos armées[5]. » Nous abusons des citations parce que beaucoup de nos lecteurs se refuseront à croire que la défaite

1. DARESTE, *Histoire de France*, t. VII, p. 446.
2. *Minerva*, t. V, p. 357.
3. *Archives nationales*, F⁷ 4688, 2ᵉ liasse.
4. *Archives nationales*, F⁷ 4691.
5. *Id.*

des armées françaises ait été voulue par la Convention :

« Après ses victoires, Dumouriez pouvait devenir l'arbitre des destinées du monde. Il y aspira, mais la faction de l'étranger qui ne craignait rien tant que lui, sentit qu'il fallait lui *préparer des revers*... C'est pour cela que Pache et Hassenfratz s'appliquent à laisser ses troupes manquer de tout, envoient des soldats indisciplinés, et s'efforcent de mécontenter les Belges contre lui... Marat était payé par l'Angleterre pour exciter les soldats contre Dumouriez[1]. »

« Robespierre et le parti montagnard avaient juré à Dumouriez une haine implacable. Pour le perdre, ils crurent n'avoir pas de meilleur moyen à employer que la désorganisation de son armée. Ils y travaillèrent en secret longtemps avant la bataille de Vervins[2]. »

« Les Jacobins firent perdre à Dumouriez la bataille de Neerwinde en *soudoyant beaucoup de soldats pour crier sauve qui peut*[3]. » C'était sans doute une grande témérité de livrer dans ces conditions une bataille décisive. Mais le gé-

1. *Mémoires de Louvet.*
2. *Mémoires de Georgel*, t. V, p. 322.
3. *Histoire secrète de l'espionnage pendant la Révolution*, Paris, 1799. Voir aussi WALTER SCOTT, *Histoire de Napoléon I*[er], t. II, pp. 176 et suiv. Et : l'Invasion française en Belgique, *Revue de la Révolution*, 1885, t. VI, pp. 324 et 441.

néral y était forcé, car il sentait grandir l'hostilité de la Convention ; ses lettres énergiques et hautaines exaspéraient les Jacobins. Lorsque Cerf-Beer fut nommé commissaire de l'armée, Dumouriez écrivit : « Je ne veux à aucun prix de cet échappé d'Israël. »

En réponse à de longues récriminations du commissaire Lieutaud, il répliqua : « Cette lettre devrait être datée de Charenton[1]. »

Les machinations du gouvernement contre Dumouriez finirent par être connues dans beaucoup de provinces. Parmi les protestations qui osèrent s'élever, il faut signaler celle de la Société républicaine des Sables-d'Olonne : « Est-ce ainsi que le libérateur du territoire devrait être traité ?... On cherche à le dégoûter de servir la cause sacrée de la liberté. Nous demandons que le décret d'accusation soit lancé contre Marat et ses adhérents. »

On sait qu'à Neerwinde l'aile droite commandée par Dumouriez était victorieuse ; l'aile gauche commandée par Miranda fut battue. Dès le début un grand nombre de soldats payés par les Jacobins crièrent sauve qui peut, et firent débander leurs camarades[2].

1. Archives du ministère des Affaires étrangères. *Correspondance des Pays-Bas*, v. 184.
2. *Mémoires de Louvet.*

Il est probable que Miranda a été accusé à tort[1] d'avoir trahi ; il a affirmé avoir envoyé un émissaire prévenir Dumouriez de la situation ; cet émissaire n'a pas porté la dépêche et a disparu. Traduit devant le tribunal révolutionnaire, Miranda chargea Dumouriez afin de sauver sa tête, et prétendit que celui-ci l'avait laissé écraser par jalousie.

Michelet, reprenant cette accusation, ajoute que la cessation du feu « indiquait bien que l'aile gauche était battue ». Pourquoi la cessation du feu n'aurait-elle pas aussi bien indiqué que l'aile gauche était victorieuse ?

La correspondance de Dumouriez prouve qu'il n'avait contre Miranda ni haine, ni jalousie.

Voici d'ailleurs le témoignage de Mgr de Pradt, archevêque de Malines : « L'aile droite avait vaincu. Miranda qui nourrissait une profonde jalousie contre Dumouriez, retint les mouvements de l'aile gauche. Rainville, aide de camp de Dumouriez, porta à Miranda l'ordre d'avancer, il était deux heures. Miranda tirant sa montre déclara qu'il était trop tard. Je tiens le récit de Rainville lui-même, à une époque où il n'avait aucun motif de déguiser ou d'altérer la vérité[2]. »

1. *Mémoires de Thibaudeau.* Louis Blanc a également accusé Miranda d'être aux gages de l'Angleterre.
2. DE PRADT, *la Belgique de 1789 à 1794.* Paris, 1820.

CHAPITRE X

LA DÉFECTION DE DUMOURIEZ

Depuis quelque temps le général n'avait plus à choisir, suivant l'expression de Sorel, qu'entre un coup d'État, l'exil et la guillotine. « Bonaparte prématuré, Neerwinde fut son Waterloo [1]. » Les Jacobins se réjouirent de savoir le dictateur enfin désarmé [2]. Cette défaite venait en effet de désorganiser tous ses plans. Pour renverser la Convention, il devenait nécessaire d'obtenir la neutralité des alliés, puisque Dumouriez n'avait pas pu les battre. Le général entama donc des négociations qu'il eut la grande imprudence de ne pas tenir assez secrètes.

On lui a reproché à juste titre d'avoir « le défaut français par excellence, l'étourderie [3] ».

1. POUJOULAT, *Histoire de France*.
2. SYBEL, *Histoire de l'Europe pendant la Révolution française*.
3. VAUBLANC, *Mémoires*. — CHUQUET, *Valmy*.

L'abbé Georgel disait : « Il a le grand tort de confier trop légèrement ce qu'il serait important de tenir secret. Il en convient avec ingénuité[1]. »

Croyant toujours facilement à son ascendant irrésistible sur ses compagnons d'armes, le général avait mis plusieurs d'entre eux au courant de ses projets sans s'inquiéter de leurs opinions politiques. Des dénonciations ne tardèrent pas à parvenir à Paris.

Dès le commencement de mars, le duc de Chartres, les généraux de Valence, de Montjoie et Thouvenot, le colonel Devaux et quelques autres approuvèrent sans réserve les idées de Dumouriez, Miranda refusa de s'y associer. Pétion lui ayant écrit[2] : « Je crois qu'il y a un grand complot dans nos armées. Dites-moi ce que vous pensez des officiers qui commandent l'avant-garde », Miranda, sans livrer tout ce qu'il savait, insinua que Dumouriez conspirait « contre notre chère liberté[3] ».

Dumouriez lui avait demandé ce qu'il ferait s'il recevait l'ordre de l'arrêter ; Miranda répondit qu'en serviteur fidèle de la République il obéirait. — « L'armée refusera d'exécuter votre

1. GEORGEL, *Mémoires*.
2. 13 mars 1793.
3. ROJAS, *le Général Miranda*. Caracas, 1889.

ordre, riposta Dumouriez. Vous n'aurez qu'à faire un procès-verbal et le renvoyer. » Telle était la crainte inspirée alors par le nom de Dumouriez, que c'est lui qui fut chargé d'arrêter Miranda tandis que l'on s'attendait précisément au contraire.

Une lettre de Dumouriez [1] avait achevé la rupture avec la Convention. Après des plaintes énergiques sur les obstacles accumulés contre lui, le général menaçait de venir à Paris rétablir l'ordre malgré le ministère.

La mise en accusation fut aussitôt proposée. Un discours de Danton la fit ajourner. « Savez-vous, s'écria-t-il, que cet homme est l'idole de l'armée ? Vous n'avez pas vu comme moi les soldats fanatiques lui baiser les mains et les bottes [2]. »

Puis Danton essaya sans succès de provoquer une insurrection contre la Convention [3], pendant que Westermann faisait des allées et venues entre la Belgique et Paris, transmettant aux conspirateurs, et particulièrement à Gensonné, les instructions de Dumouriez [4].

1. 12 mars.
2. MICHELET, *Histoire de France*, t. IV.
3. Rapport du comité de Salut public sur la conjuration de l'étranger, 2 germinal, an II. Voir appendice T.
4. Pièces authentiques relatives aux agents de la faction de l'étranger.

Le général faisait si peu mystère de ses projets qu'il écrivait à Beurnonville au moment de la bataille de Neerwinde : « Je séparerai mon armée en deux parties, pour empêcher d'une part l'invasion des étrangers, et de l'autre pour rendre à la partie saine et opprimée de l'Assemblée la force et l'autorité [1]. »

Danton partit pour avertir le général que les choses se gâtaient et qu'il fallait agir vite. Il lui représenta l'imprudence de sa lettre du 12 mars, et lui demanda instamment de la désavouer. Tout ce qu'il obtint de Dumouriez, ce fut une courte requête pour prier la Convention de suspendre sa décision jusqu'à ce que le général eût donné des explications.

Après la visite de Danton, un projet d'enlèvement de la famille royale fut mis à l'étude : Le duc de Chartres, Valence, Thouvenot et Montjoie iraient, sous prétexte de rattraper des déserteurs, se cacher dans la forêt de Bondy. Au lever du jour ils entreraient à Paris par le faubourg du Temple et enlèveraient les prisonniers royaux pour les mener à Pont-Sainte-Maxence, où un corps de cavalerie viendrait les attendre.

Mais pour réussir il fallait la certitude d'avoir Valenciennes ou Lille, et cette certitude man-

1. BOGUSLAWSKI, *Der general Dumouriez.*

quait. En même temps la comtesse de Rochechouart versa un million à Hébert, le directeur
du Père-Duchêne, qui en exigea deux pour favoriser le complot. Après avoir touché le premier
million, Hébert fut pris de peur et se fit dénon-
ciateur [1]. Dumouriez demanda alors un armistice
de quinze jours au général Mack et lui exposa
un autre projet : Les alliés s'engageront à ne
pas envahir le territoire français, et Dumouriez marchera sur Paris avec toute son armée:
la première division s'emparera de la Convention, la seconde du club des Jacobins; la troisième du Temple, puis les troupes proclameront
roi le jeune Dauphin avec une constitution mo-
delée sur celle de l'Angleterre. Dumouriez exige
que les émigrés ne se montrent pas et que l'intervention étrangère ne se fasse pas sentir.

La difficulté fut d'obtenir la promesse écrite
de neutralité des ennemis. Mack exposait à son
gouvernement : « Si les puissances désirent le
rétablissement de l'ordre et de la monarchie en
France, l'appui de Dumouriez serait le meilleur
moyen d'y parvenir. S'il ne s'agit que d'un partage de la France, il est certain que l'on peut se
passer de lui. »

L'engagement écrit des alliés tardant à arri-

1. Mémoires du général de Rochechouart, *Moniteur* du
13 avril 1793.

ver, Dumouriez insista : « Eussé-je cent vies, je les donnerais pour mettre fin aux atrocités commises par les Jacobins. En eussé-je mille, je les sacrifierais pour ne laisser aucun pouvoir étranger dicter des lois à ma patrie. »

Le duc de Chartres assistait à ces négociations.

L'empereur d'Autriche était fort hostile à une entente avec le général, qu'il persistait à regarder comme un jacobin. Breteuil, revenu à une plus juste appréciation de son caractère, avait déjà adressé le rapport suivant à Mercy-Argenteau : « Le dévouement de M. Dumouriez pour la famille royale, sa ferme résolution de rétablir la monarchie en France et son aversion pour le système actuel me sont si connus que je n'hésite pas à croire qu'il s'entendrait volontiers avec les puissances... Il faut montrer une grande considération pour ses talents militaires, lui promettre une amnistie pour toutes les personnes qu'il désignera, un commandement ou une grande ambassade qu'il choisira[1]. »

Mercy-Argenteau transmit ce rapport à Cobourg en faisant valoir l'importance qu'il y aurait à se débarrasser d'un adversaire qui « électrise les hordes si mal composées qu'il commande ».

1. Archives du ministère des Affaires étrangères de Vienne.

De son côté, Metternich écrivait à Trauttmansdorf : « Dumouriez a deux objets en vue : ou régner sur la Belgique s'il consolide ses conquêtes, ou opérer une contre-révolution en France... Son ambition me paraît exiger la plus grande attention. »

Sur les entrefaites, trois commissaires de la Convention, Prohly, Pereyra et Dubuisson, vinrent demander compte à Dumouriez de son attitude. Ils le trouvèrent, dirent-ils, « dînant chez la citoyenne Sillery avec Mlle Égalité et Paméla »; c'est-à-dire chez Mme de Genlis, avec la sœur du duc de Chartres et une jeune fille d'une grande beauté qui épousa plus tard lord Fitz-Gerald. Mme de Genlis affirmait que Paméla était une orpheline recueillie par elle en Angleterre ; les mauvaises langues la prétendaient fille de Mme de Genlis et du duc d'Orléans.

Mal reçus d'abord, les commissaires calmèrent bientôt la mauvaise humeur du général. Un ouvrage récent [1] assure qu'ils lui dirent à l'oreille le mot de passe : Ils étaient en effet achetés tous trois par le baron de Batz ; un malentendu leur fit-il soupçonner que Dumouriez travaillait pour le duc de Chartres et non pour Louis XVII ? Ou, après avoir tâté l'opinion de

1. Baron DE BATZ, *la Vie et les Conspirations de Jean de Batz.*

l'armée, jugèrent-ils que le général ne serait pas suivi par ses troupes ? En tout cas ils calculèrent qu'ils avaient intérêt à livrer Dumouriez plutôt qu'à prendre son parti ; et au lieu de conclure une entente avec lui, ils dénoncèrent sa prochaine arrivée à Paris dans le but de faire la contre-révolution.

Bertrand de Molleville estime que tout le récit des commissaires est faux, Dumouriez étant beaucoup trop fin pour leur divulguer ses intentions. Mme de Genlis[1] déclare aussi qu'il n'y a pas un mot de vrai dans le rapport de Dubuisson sur son entretien avec le général. Mais comme ce rapport n'est pas contredit dans les mémoires de Dumouriez, on est assez tenté de préférer l'hypothèse de M. de Batz.

Le général disait alors à Goguel : « Je perdrai ma tête, mais je sauverai mon pays. Il y a une guerre à mort entre les Jacobins et moi. Je périrai ou je raserai leur club. »

La Convention fut avertie de cette déclaration, et l'ordre fut donné d'arrêter Dumouriez. L'exécution fut confiée à Camus, Lamarque, Quinette et Bancal, accompagnés du ministre de la Guerre, Beurnonville. Carnot devait se joindre à eux, mais il arriva trop tard. Les « lettres de

1. *Mémoires de Mme de Genlis*, t. IV.

cachet » confiées aux commissaires, ordonnaient que Dumouriez et les neuf officiers supérieurs les plus suspects seraient conduits dans les prisons de l'Abbaye pour y être gardés au secret.

Pour plus de sûreté, les Jacobins chargèrent six hommes d'aller assassiner le général ; il fut sauvé par le fidèle Baptiste[1]. Des bandes de patriotes furent postées dans le même but aux trois étapes que Dumouriez aurait parcourues s'il avait consenti à suivre les commissaires, à Gournay, Roye et Senlis. Miaczinski en prévint le général. Ce fait est confirmé par la correspondance de Valence[2].

On connaît la scène entre les commissaires venant sommer Dumouriez de comparaître devant la Convention, et le général leur répondant fièrement : « Quand ma patrie aura un gouvernement et des lois, je lui rendrai compte de mes actes et je les soumettrai à son jugement. A présent je regarde ma tête comme trop précieuse pour la livrer à un tribunal arbitraire. »

Après une discussion orageuse, les commissaires déclarent Dumouriez destitué et lui demandent son épée. Pour toute réponse le général les fait arrêter et les envoie au camp autri-

1. 31 mars 1793.
2. *Correspondance du général de Valence*, Frankfort, 1794. Voir appendice Q.

chien comme otages pour être échangés contre la famille royale. Dans sa vieillesse Dumouriez riait de bon cœur lorsqu'il dépeignait la figure piteuse des commissaires arrêtés par leur prisonnier.

Beurnonville qui était l'ami de Dumouriez, demanda à partager le sort de ses compagnons.

— Volontiers, répondit celui-ci, car je suis persuadé vous rendre service ainsi.

En effet Beurnonville condamné à mort par contumace, rentra dans l'armée sous le consulat et devint successivement pair de France, ambassadeur et maréchal de France.

Les événements se précipitant, Dumouriez adressa à l'armée une proclamation où il annonçait ses intentions. En voici le résumé : Si le despotisme d'un seul est dangereux, combien plus est odieux celui de sept cents hommes dont beaucoup sont sans principes et ne sont parvenus que par des crimes... Il est temps que l'armée purge la France des assassins et des agitateurs et rende le repos à notre malheureux pays...

« J'ai fait le serment et je le réitére devant toute l'Europe, qu'aussitôt après avoir sauvé ma patrie par le rétablissement de la constitution, de l'ordre et de la paix, je cesserai toute fonction publique et j'irai jouir dans la solitude du bonheur de mes concitoyens. » En même temps le général adressait des proclamations au peuple français ainsi qu'aux municipalités de Lille et de Valenciennes. C'était une lourde faute. Il aurait dû attendre la déclaration de Cobourg qu'il n'avait pas encore reçue, puis se diriger sur Paris à marches forcées avant de dévoiler ses projets, laissant à la frontière les troupes dont il était le moins sûr.

L'arrestation des commissaires eut lieu le 1ᵉʳ avril et la déclaration de Cobourg fut remise le 5 seulement à Dumouriez. En voici les termes : « Je m'engage sur l'honneur à ne pas venir sur le territoire français pour y faire des conquêtes... Si une place forte est remise à mes troupes, je m'engage de la façon la plus expresse à la rendre aussitôt que le gouvernement qui sera établi en France, ou le brave général Dumouriez le demanderont. Je prendrai les mesures les plus rigoureuses pour que mes troupes ne se permettent la moindre exaction ou la moindre violence. Quiconque contreviendra à mes ordres sera puni de mort. »

On voit que le général ne livrait pas la France à l'étranger comme il en a été injustement accusé.

Tauenzien écrivait alors au roi de Prusse : « Dumouriez, malgré ses défaites, est l'idole de son armée. »

La grande majorité des officiers regrettaient l'ancien régime, mais les généraux jalousaient Dumouriez et craignaient un dictateur. Les troupes de lignes acclamèrent la proclamation par laquelle il dénonçait les crimes de la Convention et du tribunal révolutionnaire. Mais l'artillerie était républicaine, et les volontaires étaient dévoués aux Jacobins. Pendant que le général négocie, la Convention ne perd pas de temps et sème l'or à pleines mains.

Le 4 avril [1] au moment où Dumouriez va donner ses ordres au camp de Saint-Amand, trois bataillons de volontaires, commandés par Davoust, l'attaquent, tuent un de ses domestiques, son cheval et celui de Théophile de Fernig. L'intrépide jeune fille saute sur le cheval de main du duc de Chartres, et la petite troupe se sauve à grand'peine, après avoir essuyé près de dix mille coups de fusil.

Ce fut le commencement de la débâcle.

Dès le 5 avril des affiches ordonnaient à tous les militaires de se saisir « du monstre le plus odieux qui ait jamais existé sur la terre [2] ».

Dumouriez s'était réfugié au château de Bury; on ne sait par quelle aberration il se fit le lende-

1. D'après les rapports des commissaires la date exacte serait le 3. D'après Dumouriez ce serait le 4.

2. CHUQUET, la Trahison de Dumouriez.

main accompagner à son camp par une escorte de hussards autrichiens étonnés de sa hardiesse. A son arrivée la plus grande partie des troupes cria : « Vive Dumouriez, vive le roi ! » Mais l'escorte étrangère donnait la partie belle aux Jacobins : « Vous voyez bien qu'il trahit », répétèrent-ils partout. En même temps le bruit de sa mort est habilement répandu en Belgique et dans le Nord de la France. Lequinio et ses collègues promettent une récompense importante à qui livrera le général. Les commissaires de la Convention déploient « autant d'énergie et d'activité que les agents de Dumouriez montrent de lenteur et de maladresse[1] ».

Aussitôt la réception de la déclaration de Cobourg, l'ordre est donné de marcher sur Paris; il était trop tard.

Miaczinski, chargé d'occuper Lille, ne se presse pas assez, le colonel Alexandre Dumas et Saint-Georges le font échouer[2]. De Vaux[3] va transmettre les instructions de Dumouriez à Macdonald dont il se croyait sûr; Macdonald le fait arrêter.

1. MORTIMER-TERNAUX, *Histoire de la Terreur*, t. VI.

2. Miaczinski justifiait ainsi l'appréciation de Dumouriez qui écrivait en août 1792 au général de Flers : « J'ai nommé Miaczinski maréchal de camp quoiqu'il ne le mérite pas. » (Collection d'autographes du marquis de Flers.)

3. Fils naturel du prince Charles de Lorraine.

On comptait sur le général Ferrand; au dernier moment il tourne du côté de la Convention. Le général Leveneur, effrayé de ces défections, feint d'être malade et se couche pour ne pas prendre parti. Il envoie Lazare Hoche aux nouvelles; celui-ci se déclare contre Dumouriez; Dampierre également. Tandis qu'une partie des troupes crie : « Vive le roi ! » toute l'artillerie abandonne le général, puis c'est le 3ᵉ dragons; le trésor de l'armée disparaît, enlevé par les émissaires de la Convention. Lille, Condé, Valenciennes se déclarent pour le gouvernement.

Enfin, la mort dans l'âme, Dumouriez escorté de son état-major et de quelques centaines d'hommes, se réfugie au camp autrichien. Ronsin annonce dans son rapport au ministre que huit à dix mille hommes ont suivi le général. Il le compare au « tyran que nous avons chassé de son repaire le 10 août ».

D'après l'agent secret Desforges-Beaumé, Dumouriez est suivi par sept mille hommes environ[1]. Au contraire Carnot et Lesage annoncent qu'il est presque seul et que son aide de camp a été tué à ses côtés[2].

1. Archives du ministère des Affaires étrangères, *Correspondance des Pays-Bas*, v. 184.

2. Archives historiques du ministère de la Guerre, avril 1793. Armée du nord.

CHAPITRE XI

CONSÉQUENCES DE LA DÉFECTION DE DUMOURIEZ

Quelques auteurs ont accusé Dumouriez d'avoir manqué de prudence. D'autres lui ont reproché d'avoir manqué d'audace. Tous ont peut-être raison; il fallait agir avant de parler, au lieu de parler avant d'agir.

Sans aller jusqu'à dire comme Forneron que le général n'avait qu'à faire fusiller les envoyés de la Convention et les principaux Jacobins [1], il est probable qu'il eût pu réussir une attaque imprévue de la capitale; il pouvait compter à la fois sur Danton et sur les monarchistes; il eût été acclamé par tous ceux qui aspiraient à la fin de la Terreur. Clavière lui-même insinuait habilement dans ses lettres qu'un général victorieux pourrait imposer sa volonté à la Convention [2].

1. FORNERON, *Histoire de l'Émigration.*
2. *Revue de la Révolution*, 1881, p. 96.

La Vendée et la Bretagne se soulevaient, l'insurrection couvait dans les Cévennes, en Auvergne et dans le Dauphiné; la plus grande partie des provinces se serait jointe à Dumouriez.

Le général Poissonnier-Desperrières, qui faisait partie de l'avant-garde de Kellermann à Valmy, raconte dans ses *Mémoires* les détails suivants : « Mon quartier général était chez Mme de Dampierre. Vingt-trois officiers soupèrent au château et l'indignation sur le dix août fut manifestée en termes si peu mesurés que Mme de Dampierre ne pouvait se faire à l'idée de retrouver tant de royalistes sous des bannières insurgées [1]. »

La force des choses « devait livrer la République à un général [2] ». Napoléon Ier a dit que la poire n'était pas encore mûre alors. Pour entraîner les âmes, écrit Sorel, il fallait pouvoir dire au peuple : « Je suis la révolution, et le croire en le disant. Dumouriez le disait, mais avec trop d'esprit et tout le monde en doutait, lui-même plus que personne [3]. »

Et pourtant la France épouvantée par le régime de la Terreur ne se serait-elle pas jetée en 1793

1. Commandant GRANDIN, *Récits d'un soldat*, p. 251.
2. SOREL, *l'Europe et la Révolution française*.
3. *Id*.

dans les bras du premier sauveur qui eût ouvert les prisons et supprimé le tribunal révolutionnaire ? D'après Beaulieu[1] la majorité des Français désiraient que Dumouriez vînt « les tirer de l'anarchie où la Convention les plongeait plus avant tous les jours ». Les ennemis eux-mêmes ne parlaient de lui qu'avec respect. Selon eux, « Dumouriez est le plus grand général qui ait existé depuis longtemps[2] ».

Sans doute au 18 Brumaire le pays était fatigué, mais la sécurité revenait, la vie reprenait ; le besoin d'un sauveur se faisait moins sentir. Pourquoi le vainqueur de Valmy et de Jemmapes n'aurait-il pas pu réussir aussi bien que l'officier corse dont le génie ne s'était pas encore révélé ?

Telles furent les réflexions qui hantèrent plus tard Dumouriez dans son exil.

Sans doute on ne peut approuver un général qui abandonne comme lui son armée, mais nous avons expliqué que Dumouriez avait des circonstances atténuantes. Lequel en somme est le plus coupable, du général qui émigre pour échapper à la guillotine, ou du gouvernement qui prépare la défaite de l'armée française parce que « rien n'est plus dangereux pour une

1. *Histoire de France*, t. V, p. 88.
2. *Archives nationales*, F7 4690.

République qu'un général victorieux » ? Lamartine estime que Dumouriez aurait dû livrer sa tête à la Convention : « l'ingratitude de la République aurait consacré pour tous les siècles l'une des plus belles mémoires de la Révolution [1] ».

Si le général avait connu ce jugement, il aurait sans doute répondu avec son sourire sceptique : « J'ai voulu épargner à mon pays la honte d'avoir fait monter sur l'échafaud le vainqueur de Valmy et de Jemmapes. »

A cette époque, dit M. Nisard [2], les maux de la patrie furent si grands que « beaucoup ne surent pas s'ils servaient mieux la France sous les drapeaux de l'Europe coalisée que sous les trois couleurs de la Convention ».

Pas plus que Lafayette, Dumouriez après sa défection ne s'enrôla sous le drapeau de la coalition.

Nous reviendrons un jour sur le rôle extraordinaire de l'étranger dans la Révolution française. Il nous suffira aujourd'hui de faire remarquer que parmi les patriotes qui s'indignèrent le plus de la trahison de Dumouriez, Marat et Pache étaient Suisses [3], Clavière Juif de Genève,

1. *Histoire des Girondins.*
2. *Considérations sur la Révolution française.*
3. On croit que Marat était d'origine israélite, mais nous n'en avons pas la preuve.

Anacharsis Klootz Juif prussien, Pereyra Juif portugais, Miranda Vénézuélien, Guzman Espagnol, Duroveray Suisse naturalisé Irlandais, Thomas Payne Anglo-Américain, Prohly Autrichien, Ephraïm Juif prussien et espion, Rotondo Italien, Dumont et Hullin Suisses, etc.

Quant aux patriotes français, un certain nombre d'entre eux offrirent la couronne d'abord au duc d'York puis à Brunswick [1].

Le projet de placer le Prince prussien sur le trône de France fut d'ailleurs repris en 1799 par Talleyrand et Sieyès [2].

La défection de Dumouriez fut le signal de proscriptions en masse. Tous ses amis et tous ceux qui étaient simplement soupçonnés de l'être furent déclarés suspects. Si tous ne furent pas guillotinés, ce fut grâce au 9 Thermidor.

Les Girondins avaient négocié avec lui; Danton avait pris son parti; ce fut leur arrêt de mort.

Les femmes et les enfants des officiers de l'armée de Dumouriez, depuis le grade de sous-lieutenant jusqu'à celui d'officier général, sont gardés à vue comme otages. Marat demande

1. BORGNET (professeur à l'université de Liège), *Histoire des Belges.* — AULARD, *Histoire politique de la Révolution française.* — SOREL, etc.

2. *Revue de la Révolution*, 1888, p. 194 (article de M. Gustave Bord).

l'arrestation de cent mille parents ou amis d'émigrés. Des mandats d'arrêt sont lancés contre tous les princes d'Orléans, tout l'état-major de Dumouriez, les généraux Westermann, de Ligneville, Mme de Barruel-Beauvert, la citoyenne Paméla, Bonne-Carrère, Choderlos de Laclos, Sainte-Foy, Boisgelin, Victor de Broglie, etc. [1]. La Convention promet trois cent mille livres à qui livrera Dumouriez mort ou vif. Il est défendu *sous peine de mort* de porter des chapeaux dits « à la Dumouriez », c'est-à-dire en taffetas noir relevé devant [2].

Gonchon, l'un des orateurs les plus populaires du faubourg Saint-Antoine, « sollicita du conseil exécutif un ordre pour arrêter le général ou le mettre à mort. Il partit pour la Belgique et employa tous les moyens pour arriver à son but [3] ».

Un autre personnage bizarre proposa aussi au gouvernement de se charger d'assassiner Dumouriez : Louis Comte, sorti de prison au début de la Révolution, devint un jacobin ardent, puis

1. La principale cause de la condamnation à mort de Quetineau fut qu'il avait donné à son fils le prénom de *Dumouriez* (G. Hue, *Deux obscures victimes de la Terreur*).

2. Une affiche de ce décret existe encore aux Archives du ministère de la Guerre (*Correspondance de l'armée du Nord*) avril 1793.

3. V. Fournel, Fourcade et Gonchon. *Revue de la Révolution*, 1887, p. 318.

faillit être pendu comme espion, fit partie du complot de Jean de Batz, dénonça ensuite la complicité de Danton avec les royalistes, et finit par être guillotiné en même temps que Cécile Renaud et Admiral [1].

On arrêta les deux sœurs de Dumouriez ainsi que sa femme; elles furent remises en liberté après la chute de Robespierre. Quant à Mme de Barruel-Beauvert, comme elle connaissait les projets de son amant, elle n'avait pas eu l'imprudence de rentrer à Paris. Le Comité de salut public fit saisir tous les papiers restés dans l'appartement qu'ils habitaient ensemble rue Saint-Marc. On a ainsi la preuve que Mme de Barruel-Beauvert était fort élégante, car l'inventaire de ses toilettes énumère des robes en satin de toutes les nuances, « des chemises brodées d'arbres, des fourreaux et des pierrots de toutes sortes, dix-neuf jupes de mousseline de batiste, d'indienne, de taffetas, de linon », etc., etc. [2].

Lorsque la défection du général fut connue, on déclara à la Convention : « Les gens d'esprit nous ont trahis, il faut mettre un invalide à la tête de nos armées [3]. » Le successeur de Dumou-

1. *Revue révolutionnaire*, octobre 1912.
2. *Archives nationales*, T 307, cote 39. Voir appendice S.
3. BARANTE, *Histoire de la Révolution française*, v. III, p. 13.

riez fut Dampierre qui n'était pas invalide, mais qui ne tarda pas à se faire tuer.

L'Europe ne doutait pas du succès du général. Vaudreuil annonçait à d'Entraigues : « Le nouveau Monk marche sur Paris. Il y a longtemps qu'il méditait ce parti, j'ai de bonnes raisons pour le penser. » Les émigrés n'en étaient qu'à moitié satisfaits, s'il faut en croire la correspondance de Rostopchine avec Woronzow :

Pétersbourg, 14 avril 1793.

« La perspective d'avoir pour souverain le fils de celui qu'ils ont lâchement abandonné ne leur donne pas de grandes espérances. Le comte d'Artois exprime la crainte que la régence ne tombe entre les mains de la reine[1]. »

François II écrivait le 8 avril à Cobourg : « Dumouriez doit être arrivé à Paris à l'heure qu'il est. La confusion et la consternation doivent avoir atteint le plus haut degré en France... Dumouriez n'explique pas formellement si c'est Louis XVII ou le duc d'Orléans qu'il veut proclamer roi. Force m'est de douter de ses bonnes intentions à l'endroit de la famille royale. N'a-

1. *Journal de Khrowilsky*, secrétaire de l'impératrice Catherine.

t-il pas par sa présence à Paris encouragé le meurtre du roi ? N'a-t-il pas trompé Brunswick par des négociations simulées ?...

« La manière dont la France est tombée sur moi, ne me permet pas de considérer si Dumouriez a proclamé roi le duc d'Orléans ou Louis XVII. Mon devoir de monarque est de tirer le plus grand avantage de la confusion qui existe chez l'ennemi... Déclarez que l'armistice sera rompu et pénétrez vigoureusement sur le territoire français[1]. »

Ainsi Dumouriez s'était fié à la parole de son adversaire, et l'empereur violait l'engagement pris en son nom !

François II écrivait en même temps à son frère : « Toute cette histoire de Dumouriez ne me plaît pas du tout. Les Français trompent avec de belles paroles. »

Cobourg, disons-le à sa louange, protesta, même après l'insuccès de Dumouriez : « J'avais cru, répondit-il à l'empereur, que le vœu des puissances coalisées était de rétablir en France la monarchie;... préserver les peuples de l'anarchie et des révolutions. Je vois que je m'étais

1. Il est juste d'ajouter que le surlendemain une lettre de l'empereur modifiait cet ordre surprenant et priait Cobourg de l'exécuter seulement si le duc d'Orléans était proclamé roi.

trompé et que chacun ne pensait qu'à soi...

On envisage à Vienne les objets autrement qu'ils ne sont : l'opinion y règne que Dumouriez est toujours partisan des Jacobins et du duc d'Orléans dont il est l'ennemi déclaré... Le duc de Chartres est un des hommes les plus vertueux et les plus intéressants, qui a pleuré des larmes de sang sur les méfaits de son père...

Dumouriez était véritablement l'idole de ses soldats. Quant à sa sincérité, il l'a démontrée suffisamment par sa conduite. Le seul reproche que je pourrais lui faire, c'est d'avoir procédé avec trop de précipitation et d'assurance, et d'avoir négligé les règles de prudence et de circonspection. »

Ainsi tandis que Dumouriez était traîné dans la boue par ses concitoyens, ses adversaires lui rendaient justice.

Fersen, persuadé également que le général était sous les murs de Paris, écrivait le 8 avril à Marie-Antoinette : « Vis-à-vis de Dumouriez vous ne risquez rien. Son intérêt est en ce moment intimement lié au vôtre et au rétablissement de votre autorité comme régente. Il faudrait ne pas trop vous engager avec lui et surtout écarter le plus possible les autres in-

1. Archives du ministère de la Guerre de Vienne. Mortimer-Ternaux, *Histoire de la Terreur*, t. II.

trigants qu'il voudra placer et recommander.

Il faut convoquer un conseil de régence avant de rien faire. Il ne faut pas hésiter à y appeler les princes, même le prince de Condé ; c'est un moyen de le rendre nul. Tâchez d'empêcher Dumouriez d'être président du Conseil de régence. S'il était nécessaire qu'il le fût, ou même si vous y placez Monsieur, il serait bon d'y appeler le Baron (de Breteuil) si vous ne voulez pas faire de lui le chef de ce Conseil[1]. »

Metternich fit comprendre à Cobourg que Dumouriez ne remplissant pas ses engagements vis-à-vis des puissances, l'engagement des alliés devenait caduc[2].

Le manifeste du 5 avril fut donc rétracté, malgré les réclamations du général, qui courut chez le prince de Cobourg. « La proclamation de Votre Altesse, fit-il observer, n'est pas conforme à nos conventions. Je viens demander le motif de ce changement.

— Ce sont les ordres que j'ai reçus, général. Je le regrette mais je dois obéir.

— Mais notre convention est violée, monseigneur.

— J'ai tout expliqué au congrès ; la situation

1. Papiers de Fersen, *Correspondance secrète avec Marie-Antoinette.*
2. *Revue rétrospective,* avril 1836.

est changée ; quand vous aviez une armée, notre neutralité était promise. Votre armée vous ayant abandonné, l'empereur a le droit de reprendre l'offensive [1]. »

Dumouriez annonça alors sa décision d'abandonner les alliés, ne voulant pas porter les armes contre la France.

— Que puis-je faire pour vous, demanda Cobourg.

— Estimez-moi, monseigneur, c'est tout ce que je demande.

1. Major Boguslawski, *Der general Dumouriez.*

CHAPITRE XII

L'ÉTAT-MAJOR DE DUMOURIEZ

Les complices de Dumouriez ont eu des fortunes diverses. L'un d'eux est devenu roi des Français en 1830.

Valence, rayé de la liste des émigrés en 1800, devint sénateur en 1807 et pair de France sous la Restauration [1].

Dumas de Saint-Marcel revint aussi en 1800 et fut nommé plus tard inspecteur général des douanes.

Marrassé et Vouillers, compromis dans la conspiration belge de 1794, furent arrêtés et internés à Temeswar, en Hongrie. Le premier y

1. Son aide de camp, Rouget de Lisle, fut arrêté comme suspect au moment de la défection de Dumouriez, et malgré le succès de *la Marseillaise* il ne dut son salut qu'au 9 Thermidor. La *Revue de la Révolution* a publié (1885) une lettre de Grétry remerciant Rouget de Lisle d'avoir recommandé sa sœur à Dumouriez.

mourut, le second plus heureux revit sa patrie en 1808.

Berneron fut arrêté également et l'on ignore quel fut son sort. Thouvenot, emprisonné puis relâché, s'établit fabricant de papiers peints, rentra en France en 1800, fut nommé général de division et baron de l'Empire.

Rainville s'installa restaurateur à Altona. Dumouriez et ses amis allaient souvent prendre leurs repas dans son établissement qui devint le rendez-vous des émigrés. Au moment du complot de Cadoudal, la police le surveilla de près ; mais, d'après les rapports des agents secrets, Rainville déclara « être aux ordres du premier consul et n'avoir depuis longtemps aucun rapport avec Dumouriez qui passait à Altona pour être un des principaux auteurs de la conspiration [1] ».

Montjoie suivit d'abord le duc de Chartres dans ses pérégrinations, fut quelques mois aide de camp du duc de Brunswick, puis se fixa à Londres et conspira sous les ordres de Dumouriez. Trouvant un jour au théâtre de Hambourg un ancien militaire devenu agent secret de la police de Fouché, il le gifla en public. Il en résulta un duel pour lequel Montjoie fut condamné

1. *Archives nationales*, F¹ 6468.

à trois mois de prison et l'agent secret à un mois ; Montjoie s'évada et retourna à Londres, tandis que son adversaire fut arrêté.

Au mois d'avril 1804 il prend un passeport sous le nom de comte de Froberg, et lève en Allemagne un corps de volontaires pour aider la coalition contre Napoléon. Cette petite troupe, dont l'organisation est terminée en 1805, se laisse surprendre par l'armée française le 12 juin 1807 près de Koenigsberg ; elle est taillée en pièces ; Montjoie est tué, affirment les rapports officiels. Ses papiers, saisis sur son cadavre, furent envoyés à Paris où ils se trouvent encore aux archives nationales [1]. Mais deux ans plus tard, les rapports de police signalent de nouveau Montjoie à Londres conspirant avec Dumouriez [2].

Le fidèle Baptiste, devenu le capitaine Renard, rentra en France sous l'Empire, se retira dans son pays natal en Normandie et se suicida, nous ignorons pour quel motif.

Miranda fut remis en liberté après le 9 thermidor. Il avait dénoncé Dumouriez, c'est ce qui lui évita la guillotine à laquelle n'échappèrent ni Miaczinscki, ni Devaux, ni Lescuyer. Miranda se retira en Amérique.

1. F⁷ 5468.
2. Rapports de police, 1809. *Archives nationales,* F⁷ 6479.

Enfin deux des aides de camp de Dumouriez étaient particulièrement dignes d'intérêt : c'étaient deux jeunes filles dont « la vertu était aussi remarquable que le courage[1] ».

Les demoiselles de Fernig, filles d'un ancien officier, d'après les uns, d'un greffier d'après les autres, virent avec émotion leur père déjà âgé s'enrôler dans l'armée de Dumouriez. Elles prirent des habits masculins et s'engagèrent dans la même compagnie. Les autorités militaires ne soupçonnèrent pas leur sexe, et leur père lui-même resta plusieurs jours sans les reconnaître. Mme de Genlis prétend qu'elles avaient treize et quinze ans en 1792. Dans un autre chapitre de ses *Mémoires*, elle leur donne dix-neuf et vingt et un ans en 1793, sans doute parce que les années de campagne comptent double. « Théophile Fernig, dit-elle, avait la plus jolie et la plus modeste figure et des petites mains blanches, délicates et charmantes[2]. »

Respectées et honorées dans l'armée, elles reçurent de Dumouriez le titre d'aides de camp et se signalèrent à Jemmapes et à Neerwinde. On fit observer à la tribune de la Convention que les tyrans avaient eu une Jeanne d'Arc,

1. *Mémoires de Dumouriez.*
2. *Mémoires de Mme de Genlis.*

tandis que la République en avait deux, ce qui établissait bien sa supériorité.

D'après les *Mémoires* de Thoury, Mlles de Fernig semblaient très robustes en septembre 1792. Les âges de treize et quinze ans qui leur sont attribués par Mme de Genlis sont donc fantaisistes. « Je trouvai, dit Thoury, le général dictant deux lettres à la fois à ses secrétaires. Il ne voulut pas s'interrompre. Je l'écoutais et cela me paraissait inconcevable... Je déjeunai avec Mlles Fernig ; elles n'étaient ni grandes ni jolies, mais bien faites et paraissaient très robustes.

Dumouriez est un petit homme mince et d'une vivacité extraordinaire. Je le vis partir à cheval avec Mlles Fernig ; elles avaient des carabines derrière le dos avec extrèmement bonne mine dans leur costume militaire [1]. »

L'une d'elles rencontrant un jour un peloton de grenadiers ennemis, tua deux hommes et fit prisonnier l'officier qu'elle amena à Dumouriez. « Mon général, dit-elle de sa petite voix douce, voici un prisonnier que je vous amène ». Le grenadier tressaillit et ne se consola jamais de s'être rendu à une jeune fille.

Un soir Mlles de Fernig étaient au bal dans la petite ville de Flines. On vient annoncer

1. *Feuilles d'histoire*, 1909.

l'approche de maraudeurs autrichiens. Aussitôt elles arment les danseurs de fourches, de pioches, de fléaux, donnent quelques fusils aux meilleurs tireurs et à la tête de cette armée improvisée mettent les Autrichiens en fuite.

Grille [1], dont les assertions ont quelquefois besoin d'être contrôlées, raconte qu'à Neerwinde la plus jeune des Fernig allait au galop porter un ordre, lorsqu' « un boulet lui emporte la tête; sa cervelle et son sang couvrent la figure et les habits de Ricou le lieutenant de nos grenadiers ». Heureusement cet événement dramatique n'empêcha pas Félicité de Fernig de continuer la campagne en fort bonne santé et de se marier en 1798.

Après la défection de Dumouriez, les demoiselles de Fernig reprirent leurs habits féminins et durent se cacher pendant quelque temps afin d'échapper aux agents de la Convention. Théophile alla en Suisse où elle servit de secrétaire à Mme de Genlis. [2]

Bientôt elle repartit pour Bruxelles et elle y retrouva sa sœur qui, après avoir erré quelques mois en Allemagne, avait entrepris dans cette

1. *Lettres, mémoires, documents pour l'histoire du 1ᵉʳ bataillon de volontaires de Maine-et-Loire*, t. III, p. 7.

2. D'après quelques auteurs c'est au général de Valence qu'elle servit de secrétaire. En tout cas cette situation dura fort peu de temps.

ville un commerce de modes et de parfumerie.

Arrêtées par ordre des Autrichiens le 5 mai 1794, les deux sœurs furent presque aussitôt remises en liberté, et après un court séjour à Altona, revinrent se fixer à Bruxelles.

Pendant ce temps un officier belge, amoureux de Félicité de Fernig, la demandait à tous les échos; au cours de la campagne de 1792 l'intrépide jeune fille lui avait sauvé la vie. Le lieutenant Vanderwallen tombé de cheval allait être tué par un peloton d'Autrichiens; Félicité de Fernig, qui d'ailleurs ne le connaissait nullement, courut à son secours, tua deux Autrichiens, en blessa un et les autres s'enfuirent. Vanderwallen, grièvement blessé, apprit à qui il devait la vie, et n'eut plus qu'une idée, c'est de retrouver son sauveur. Malheureusement, lorsqu'il fut hors de danger, l'état-major de Dumouriez était dispersé à la suite des événements que nous avons racontés. Vanderwallen parcourut l'Allemagne et la Suisse et finit par découvrir Félicité de Fernig à Bruxelles. Touchée par son amour, l'héroïque jeune fille lui accorda sa main et le mariage fut célébré à Mortagne en 1798. Cet épisode n'aurait-il pas dû inspirer soit un roman soit un drame lyrique ?

Quant à Théophile de Fernig, elle ne se maria jamais, parce qu'elle aimait un cousin qui ne s'en aperçut pas. Les deux sœurs obtinrent sous le Consulat l'autorisation de se fixer en France. Leur frère devint général sous l'Empire [1].

Mme de Genlis avait suivi aussi l'état-major de Dumouriez. On répandit plus tard le bruit d'une liaison entre elle et le général ; c'est pourquoi elle affecte dans ses *Mémoires* de fort peu le connaître. Elle blâme nettement Dumouriez de sa défection et prétend avoir refusé les passeports qu'il lui offrait. Au contraire M. Dard [2] affirme que Mme de Genlis supplia le duc de Chartres de ne pas abandonner le général dans sa défection.

Enfin les sous-officiers et les soldats qui avaient suivi Dumouriez furent bientôt un embarras pour les alliés. Cobourg ayant reçu l'ordre de les expulser, répondit qu'ils avaient, en suivant leur général, la promesse de ne pas être abandonnés. Après discussion il fut impossible de se mettre d'accord sur leur compte. A la fin ils se dispersèrent peu à peu, les uns en Allemagne assez mal reçus, les autres mieux acueillis en Angleterre [3].

1. H. BONHOMME, *Correspondance de Mlle Fernig*, 1873.
2. DARD, *Choderlos de Laclos*, 1905. « Mme de Genlis employa jusqu'aux larmes pour entraîner le duc de Chartres sur les pas de Dumouriez. Il est certain que Dumouriez arrivant à Paris aurait d'abord proclamé Louis XVII. »
3. *Revue de la Révolution*, décembre 1883.

CHAPITRE XIII

DUMOURIEZ PROSCRIT

L'histoire de Dumouriez s'arrête habituellement au commencement d'avril 1793. Après avoir parlé de sa défection, C. Rousset conclut : « Ainsi finit sa courte et brillante carrière. »

Bourrienne ayant raconté dans ses *Mémoires* que le général vécut « misérable, dans un vagabondage le couvrant de ridicule », la plupart des auteurs ont reproduit cette assertion. C'était mal le connaître; son énergie et son activité dévorante ne furent abattues ni par les malheurs ni par les souffrances physiques et morales. Mallet-Dupan le disait formé « de feu et de salpêtre ».

Les protestations de Dumouriez au congrès d'Anvers contre la rétractation du manifeste de Cobourg mécontentèrent les alliés : pas plus que les émigrés, ceux-ci ne pardonnaient au général les deux victoires de Valmy et de Jemmapes.

D'autre part Mme de Barruel-Beauvert avait fait sur Metternich une impression profonde ; il savait qu'il perdrait son temps auprès d'elle tant que la place serait occupée par Dumouriez. Mais si l'on expulsait le général de tous les pays, si on le forçait à se cacher et à déménager perpétuellement, Mme de Barruel-Beauvert se lasserait peut-être de le suivre ; et le rôle de consolateur conviendrait admirablement au jeune diplomate.

Il s'efforce donc de convaincre Dumouriez qu'il ferait mieux de quitter la Belgique. La présence du général dans les Pays-Bas, écrit Metternich à l'empereur, pourrait amener des troubles. « Les troupes de ligne et les meilleurs généraux sont attachés au parti de Dumouriez. L'agitation dans les départements français augmente tous les jours. »

D'ailleurs Dumouriez avait fait afficher une proclamation déclarant « qu'il n'emploierait pas ses talents pour démembrer la France ». N'était-ce pas une critique de la conduite de l'empereur d'Autriche ?

Trauttmansdorf répond à Metternich : « Sa Majesté eût désiré qu'en lui disant que Dumouriez avait quitté la scène pour le moment, Votre Excellence se fût expliquée plus positivement, tout ce qui concerne cet homme étant si important qu'on ne saurait que désirer d'en être exactement informé. »

Le général part dès le 16 avril [1] pour la Suisse, espérant y trouver des régiments autrefois au service de Louis XVI et s'y constituer une petite armée. Il y rejoint Montjoie, et apprend par lui qu'il n'y a rien à espérer de ce côté.

Mais le gouvernement de la Convention observe avec anxiété ses mouvements, d'autant plus qu'une partie de l'armée regrette à présent de n'avoir pas suivi Dumouriez. Le conseil général de Maubeuge avertit le gouvernement que « les soldats disent tout haut qu'ils veulent un roi, que nous en aurons bientôt un ».

Les commissaires de la Convention demandent que l'on accélère la procédure pour pouvoir faire exécuter en vingt-quatre heures les agitateurs royalistes arrêtés journellement [2].

Le ministre Lebrun ayant recommandé à Barthélémy [3] une surveillance active, celui-ci répond : « Si le traître Dumouriez arrive en Suisse (comme les papiers publics l'annoncent), il n'y

1. D'après *la Gazette de Leyde* du 23 avril, Dumouriez passa à Aix-la-Chapelle en compagnie du duc d'Orléans, de Mademoiselle, du général de Valence et de Mme de Genlis. Voir JEAN HARMAND, *Mme de Genlis*, 1911.

2. Archives historiques du ministère de la Guerre, avril 1793.

3. Ministre de France en Suisse.

sera pas toléré... car une nation aussi distinguée par sa fidélité et sa loyauté que l'est la Suisse, ne peut que repousser avec horreur un Français assez lâche pour avoir déguisé des projets contre-révolutionnaires sous le masque hypocrite d'un patriotisme exalté. »

Au commencement de mai, le général que l'on cherche en Suisse est à Francfort. Sirmond écrit à Renaudot: « Vous demandez des nouvelles de Dumouriez: vous vous adressez bien : il est descendu ici chez ma mère. Toute son application est de se disculper auprès de M. de Metternich des bruits qui ont couru sur ses liaisons avec les Orléanistes... Toute la vie de cet homme est une énigme. »

Bientôt les rapports des agents diplomatiques annoncent que Dumouriez s'est rendu de Francfort à Vienne ; le 23 mai on le signale à Stuttgard. En effet il y a loué une maison avec un petit jardin. « Nous serons sept ou huit, écrit-il à Mack, quand ma *parente* m'aura rejoint. » C'est ainsi qu'il désignait Mme de Barruel-Beauvert. Malheureusement le grand-duc de Wurtemberg prie Dumouriez de ne pas rester trop longtemps dans ses États.

Le gouvernement français est averti que le duc de Chartres a été rejoint à Schaffouse par Montjoie, aide de camp de Dumouriez. A Berne les gazettes annoncent l'arrivée prochaine de Dumouriez, de Mme de Sillery et de M. de Chartres. « Il y a apparence que c'est un faux bruit, écrit Frisching à Lebrun. Mais supposez qu'il vienne, on ne le souffrira pas après la protection qu'il a accordée à Périni. Un magistrat de Berne en confirmant l'opinion de Frisching ajoute : « Ainsi finissent les gens d'esprit qui manquent de bon sens[1]. » Lebrun recommande aussitôt à Barthélemy de prendre des mesures pour que cet ennemi dangereux de la France ne trouve accès nulle part. « Vous voudrez bien y tenir la main et faire à cet effet toutes réquisitions que vous jugerez nécessaires. » Pour plus de sûreté un sieur Dumolard propose au gouvernement de poignarder le général[2]. On cherche partout Dumouriez ; la municipalité de Berne écrit : « Sait-on où est Dumouriez et M. de Chartres ? Quelqu'un veut les avoir vus sur la route de notre ville, mais icy on n'en veut rien savoir. Sous quel nom est-ce qu'ils voyagent ? »

On signale aussi un M. de Witt, Hollandais immensément riche, en rapports avec Dumouriez. Il vient de revenir à Paris ; on croit que ses malles sont pleines de faux assignats. Il

1. Archives du ministère des Affaires étrangères. Papiers de Barthélémy, v. 134.
2. AULARD, *Recueil des actes du comité de Salut public.*

est urgent de surveiller sa correspondance[1] ».

Mais on apprend à la fin de mai que Dumouriez a renoncé à aller en Suisse et retourne dans le Brabant, en passant par Vienne. Seul le duc de Chartres est à Zug « avec les femmes de sa suite[2] ». A son retour en Belgique, grâce à un passeport au nom de Baptiste, Dumouriez trouva un mauvais accueil auprès de Metternich, sans en soupçonner le motif. A la suite des plaintes de ce diplomate, le prince de Cobourg reconnaît qu'il faut éloigner Dumouriez de l'armée « et même s'il est possible de le faire d'une manière convenable, l'engager à choisir son séjour hors du pays. » A cet effet Metternich apprend au général que la Bretagne et la Vendée insurgées auraient besoin d'un chef tel que lui. L'autorisation va être demandée aux puissances d'y faire transporter Dumouriez sur un vaisseau anglais avec les débris de son armée. Pendant l'expédition, Metternich ira soigneusement tenir Mme de Barruel-Beauvert au courant des nouvelles politiques.

A la suite d'un entretien avec Breteuil, Dumouriez accepta avec joie et se prépara au départ. Il songeait à ce projet depuis plusieurs

1. Archives du ministère des Affaires étrangères. Papiers de Barthélémy, v. 434.
2. *Id.*

semaines, et il avait déjà demandé à Mack de lui en faciliter les moyens.

Le 1er juin, Mercy-Argenteau annonce que Dumouriez « se propose d'aller à Londres. C'est un homme très dangereux par ses talents et son énergie. S'il ne succombe pas aux poursuites de ses ennemis, il pourra encore jouer un rôle avant la fin de la Révolution[1] ».

Le général écrivit à Fox : « J'ai quitté l'armée impériale à la suite de la proclamation du prince de Cobourg. Si les cantons suisses sont trop pusillanimes pour me recevoir, puis-je trouver asile à Londres ? Trois ou quatre personnes dépendent de moi. »

Sans attendre la réponse, Dumouriez débarque en Angleterre sous le nom de Péralta, va se présenter à lord Granville et lui demande de faciliter son expédition en Bretagne. Afin de désarmer les préventions des Chouans, il publie un manifeste protestant contre l'intention qui lui est attribuée de mettre le duc de Chartres sur le trône. « Ce prince, affirme-t-il, fuirait au bout du monde plutôt que de se voir forcé à régner. »

Mais, on le verra par l'aveu de lord Aukland, l'Angleterre voulait seulement avoir l'air d'aider à la restauration, et désirait surtout la prolon-

1. Vivenot, *Sources de l'Histoire*, Vienne, 1873.

gation du désordre et de la guerre civile en France. L'arrivée de Dumouriez eût été pour les Chouans un secours trop important. On refuse donc de lui faciliter le passage. Des émissaires de la Convention répandent le bruit que le général va fomenter une révolution en Angleterre et qu'il s'est vanté de coiffer bientôt le roi Georges du bonnet rouge. Stahremberg fait remarquer au cabinet de Saint-James « qu'il n'y a peut-être pas de pays où cet homme intrigant puisse être plus dangereux qu'en Angleterre ». Granville exprime des regrets que Dumouriez soit venu à Londres avant d'y être autorisé, sa présence pouvant donner lieu à des difficultés. On fait remarquer à Mercy-Argenteau que l'insurrection verra d'un mauvais œil la troupe girondine de Dumouriez. Enfin le ministère anglais expulse le général; à la descente du bateau à Ostende, il manque d'être assassiné par une bande d'ouvriers désireux de toucher la prime de 3oo.ooo livres; il est sauvé par deux officiers anglais.

Voilà donc Dumouriez une fois de plus revenu à Bruxelles auprès de Mme de Barruel-Beauvert. Trauttmansdorf s'en plaint à Metternich[1] : « On regrette que vous n'ayez pas mis

1. 27 juin 1793.

une bonne fois Dumouriez hors d'état de nuire...
Son séjour à Bruxelles a donné de l'ombrage
aux cours étrangères ; l'Angleterre a fait des re-
montrances à ce sujet. Tout est à craindre d'un
homme aussi intrigant. »

Mercy-Argenteau exprime aussi des regrets
que l'Angleterre ait expulsé le général « quand
ce ne serait que pour nous épargner l'embarras
de le voir reparaître dans les provinces belges.
Il valait mieux le faire passer en France. »

Metternich avait interdit de laisser débarquer
Dumouriez, mais celui-ci avait trouvé moyen
d'échapper à la fois aux gendarmes autrichiens
et aux assassins jacobins.

Thugut exprime, le 29 juin, l'opinion que le
général « n'est capable que de faire des tripo-
tages et susciter des tracasseries. Nous ne prê-
terons pas la moindre attention aux verbiages et
aux projets extravagants de ce rodomont ».

Mercy-Argenteau, moins sévère, parle des inquiétudes causées par la présence de Dumouriez. « Il sera essentiel de se tenir en garde
contre ses prestiges... C'est un personnage qu'il
ne faut ni écouter ni rebuter tout à fait [1]. »

Trauttmansdorf déclare que Sa Majesté autorise Dumouriez à aller à Luxembourg « où il

1. G. Bord, l'Invasion française en Belgique, *Revue de la
Révolution*, 1886.

sera moins exposé et où sa présence ne causera pas d'ombrage aux puissances. S'il refuse, l'y obliger ; redoubler de précautions pour l'arrêter en même temps que toutes les personnes de sa suite, mais sans éclat, car Dumouriez a un très grand parti dans ce pays. La distance où se trouve le prince de Cobourg ne lui permettra pas d'apporter quelque difficulté à l'accomplissement de l'ordre que vous recevez ici. »

Metternich fait observer que cette arrestation pourrait avoir des suites fâcheuses à cause du nombre des partisans du général : « Il est considéré comme un sauveur dans les Pays-Bas. D'ailleurs l'Angleterre aurait bien pu le faire arrêter puisqu'il s'est fait connaître à lord Granville. »

Metternich propose donc fort poliment à Dumouriez d'aller à Luxembourg. Le général refuse et prend un passeport pour la Suisse, sous le nom de comte Dupérier, d'où colère de l'empereur d'Autriche, s'étonnant que l'on délivre des passeports sous un faux nom. Il ignorait que le général pouvait aussi bien signer Dupérier que Dumouriez.

Muni de ces papiers, le général feint de partir et se cache aux environs de Bruxelles. Un matin tous les murs de la ville sont couverts de placards invitant les émigrés à prendre les armes pour empêcher le démembrement de la

France par les alliés. Aussitôt on arrête les amis de Dumouriez, Thouvenot, Marassé, Berneron, Leiritz, Tort de la Sonde. On dénonce le marquis de la Valette et Toufler comme complices de la conspiration. Metternich, furieux de son insuccès auprès de Mme de Barruel-Beauvert, donne l'ordre de la conduire à la prison des femmes de mauvaise vie. Pendant que la police la cherche, Mme de Barruel se sauve avec Dumouriez à Luttersfortz dans le pays de Juliers. Metternich demande leur extradition. Cobourg, l'archiduc Charles et Mercy-Argenteau s'y opposent et l'on se contente d'arrêter le fidèle Baptiste.

Cobourg, qui se montra toujours un adversaire loyal et de bonne foi, avait promis à Dumouriez de veiller sur sa sécurité. D'ailleurs les ministres de Russie, d'Angleterre et de Hollande convinrent que l'extradition était difficile à justifier.

De Luttersfortz Dumouriez se rend à Mergentheim en Franconie. En butte aux tracasseries de la police, il demande à l'électeur de Cologne l'autorisation de séjourner dans ses États. L'électeur refuse : « C'est vous monsieur, et votre ministère qui avez décidé en France de porter les armes dans un pays étranger. C'est vous qui avez entraîné l'Europe à se mêler de ces malheureuses affaires. »

Proscrit de partout, Dumouriez prend la direction de la Suisse, voyageant le plus souvent à pied sous un déguisement, en évitant de s'arrêter dans les agglomérations importantes.

C'est le moment où la ville de Lyon révoltée entame une lutte désespérée contre la Convention. Dumouriez entre en correspondance avec les chefs du mouvement. « L'insurrection doit s'étendre depuis le mont Terrible sur la chaîne du Jura, jusqu'au Rhône.

« Dumouriez s'est rapproché du Rhin ; Montjoie est toujours son agent secret. Dumouriez se mettra à la tête de l'armée contre révolutionnaire du Rhône, et y établira une seconde Vendée[1]. »

Il a des émissaires dans un grand nombre de villes. Desforges-Beaumé, agent secret, en signale plusieurs faisant de la propagande dans les auberges de Lille[2]. Un certain nombre d'amis du général sont à Neuchâtel et Yverdon. « Il y a plus de cent mille écus et sept mille fusils cachés dans les frontières de la Suisse[3]. »

Le gouvernement français fait suivre partout

1. Papiers de Barthélémy. Lettre de Bucher à Deforgues.
2. Archives des Affaires étrangères, *Correspondance des Pays-Bas*, v. 184.
3. Rapport de Coney, agent secret envoyé au camp des émigrés.

Dumouriez par des négociants jacobins et parvient à intercepter son courrier. D'autre part l'hostilité des émigrés fait échouer le soulèvement.

A la même époque les représentants du département du Mont-Blanc écrivent à la Convention : « A la première nouvelle que l'infâme Dumouriez était en Suisse, nous avons envoyé un patriote qui purgera la nature de ce monstre [1], et qui ne craint ni les ours de Berne, ni l'inquisition et l'espionnage de Lenoir [2]. »

Seulement Dumouriez n'était pas facile à surprendre : lorsque l'assassin patriote arrivait dans une ville, le général venait toujours d'en partir. Tantôt il est dans le Jura, tantôt à Berne ou à Zurich. On le signale à Schaffouse, déguisé en marchand italien, on perd sa trace, on retrouve celle de son agent Peralta à Winterthur. On porte plainte auprès du bourgmestre ; celui-ci répond que Péralta est parti sans avoir fait d'autre connaissance que celle du docteur Ziegler qu'il a consulté sur sa santé [3].

Une proclamation de Dumouriez est répandue

1. *Recueil des actes du comité de Salut public*, 27 avril 1793.
2. Ancien lieutenant de police, émigré et partisan de Dumouriez.
3. Papiers de Barthélémy.

dans le Rhône et les départements du Midi. Le ministre des Affaires étrangères est prévenu que Devaux, l'ancien aide de camp du général, qui vient d'être guillotiné, faisait partie d'un complot formé pour enlever le Dauphin de la prison du Temple [1].

Enfin Beaulieu apprend que, menant tout de front, Dumouriez avait préparé le soulèvement de la Belgique. La découverte du complot a fait arrêter le comte Cobentzel, Colloredo, le conseiller Spielmann, Manfredini ministre de Toscane, etc. Dumouriez a pris la fuite avant que l'on ait pu le saisir.

L'exaspération du gouvernement français était à son comble lorsque les deux dépêches suivantes lui font pousser un soupir de soulagement.

Rivalz à Deforgues.

Bâle, 12 janvier 1794.

« Dumouriez est retiré dans un couvent de Chartreux près de Dusseldorf ; l'ambition de se sanctifier a pu l'y conduire. »

1. Il est probable que la police avait confondu Philippe de Vaux avec son homonyme impliqué dans la conspiration de l'œillet.

Bucher à Deforgues.

12 janvier.

« Dumouriez également en horreur à tous les partis, n'a plus d'autre ressource que de se faire chartreux près de Cologne. »

La joie du gouvernement français ne devait pas être de longue durée. Ce singulier moine qui avait une femme légitime à Paris et une maîtresse en Belgique, ne pouvait pas rester inactif. Quelques semaines plus tard, « l'infâme Dumouriez est parti pour la Pologne, où il se flatte de jouer de nouveau un rôle ». Les alliés protestent, et l'ordre est donné de l'arrêter dans toutes les villes de Prusse et partout où on le trouvera.

Son état-major semble alors fixé à Constance dont le lac est particulièrement commode pour les conspirateurs : avec quelques coups de rames on passe de Suisse en Autriche, du grand-duché de Bade en Bavière, ou en Wurtemberg.

S'il faut en croire les correspondances diplomatiques, les compagnons du général y mènent assez joyeuse vie, ayant des duels fréquents avec les émigrés. Aussi vont-ils être bientôt priés de quitter le pays. Les émigrés sont nombreux alors à Constance puisque, d'après Venet, la broderie seule « occupe cinq cents nobles des deux sexes ». Ceux qui veulent rentrer en France sont forcés, prétend-il, de subir un interrogatoire devant l'ancien archevêque de Paris, et d'être témoins du faste et de l'insolence de l'ancien état-major de Dumouriez, pensionné par l'empereur.

Le duc de Chartres ne semble pas associé à cette vie fiévreuse de son ancien général. Moins habile que lui il ne sait pas se cacher, et il a d'abord beaucoup de peine à ne pas être expulsé de partout. Réduit presque à la misère, il voit en souvenir de son père beaucoup de portes se fermer devant lui. Le général de Montesquiou seul lui vient en aide. Reinhardt, ministre de France à Hambourg, informe son gouvernement que le ci-devant duc de Chartres et Dumouriez vont se rejoindre en Suisse[1].

Le prince trouve enfin une place de professeur au collège de Coire. On prétend qu'il a pris le costume ecclésiastique, mais qu'il reste en relations avec ses anciens partisans.

A la fin de l'été 1794, le général et ses compagnons sont signalés à Richtersweil (canton de

---

1. Archives des Affaires étrangères. *Correspondance de Hambourg*, v. 108, 28 Ventôse an IV.

Zurich); ils y ont retrouvé Montjoie. Au commencement de l'hiver, Bucher intercepte une lettre de Montjoie à Beaudoin, intendant de l'armée de Condé, révélant un nouveau complot [1]. Dumouriez et ses amis envoient toutes les semaines des émissaires à Paris avec le concours de Pitt. Pendant que le Jura va se soulever, on mettra le feu à la fois aux quatre coins de la capitale et à la faveur du tumulte on fera un coup d'État.

Mais une fois de plus les conjurés dénoncés ne peuvent mettre leurs projets à exécution.

Comme toujours les entreprises de Dumouriez avaient échoué. Après deux années de vie errante, poursuivi par le poignard des assassins et par la police de presque tous les pays, il avait bien mérité un peu de repos.

Il se rend donc à Billwerder, dans la banlieue de Hambourg, où l'attend l'affection fidèle de Mme de Barruel-Beauvert. Ils y vivent modestement et rédigent ensemble les *Mémoires* du général qui sont vendus un bon prix à un éditeur du pays.

Mme Cornélia Knight écrivait en 1796 : « Dumouriez très pauvre vit de ses écrits et cette pauvreté lui fait honneur [2]. »

1. Papiers de Barthélémy, t. IV.
2. CORNÉLIA KNIGHT, *Autobiography*.

Elle ajoutait que le général était charmant.

Mme de Barruel-Beauvert ayant perdu comme Dumouriez la plus grande partie de sa fortune dans la Révolution, s'était mise, ainsi que lui, à écrire afin d'équilibrer leur budget. C'est évidemment à cette collaboration que sont dues les nombreuses erreurs relevées dans les *Mémoires* du général.

On a affirmé qu'il avait falsifié des dates dans un intérêt personnel, mais nous ne voyons pas bien quel intérêt il pouvait avoir par exemple à assigner à l'émeute du 20 juin la date du 21.

Reinhardt raconte dans ses rapports que Dumouriez vit « dans un incognito si profond que l'on ignorerait son existence sans les pamphlets qui de temps en temps paraissent sous son nom ».

Il y avait alors à Hambourg et Altona une société française nombreuse et choisie. On citait parmi les émigrés la princesse de Vaudemont, la comtesse de Narbonne, la comtesse de la Tour d'Auvergne, Mme de Flahaut, le duc de Polignac, le comte de Mun, Talleyrand, le marquis de Wignacourt, le vicomte d'Abzac, le vicomte d'Agoult, le comte des Cars, MM. de Béthune, de Bongars, de Montmorency, de Boubers, le baron de Fénelon, les abbés de Saint-Albin et de Saint-Phar qui passaient pour fils du duc d'Orléans et d'une actrice Mlle Marquise, etc. [1].

Le comte de Mourawief donnait d'intéressantes soirées de musique, où l'on rencontrait Rivarol, Klopstock, Paméla devenue lady Fitz-Gerald, le marquis de Crest, si mélomane qu'il épousa la fille d'un violoniste, Mme de Genlis qui y découvrit un parti pour sa nièce de Sercey, ruinée par la Révolution : elle lui fit épouser un banquier bossu, Mathiesen. Le climat fut particulièrement funeste à la famille de Vergennes : les trois comtesses et la vicomtesse de Vergennes y moururent en quelques mois. Châteauneuf, cousin de Dumouriez, installa une librairie et rendit quelques services aux émigrés conspirateurs.

Le général et Mme de Barruel-Beauvert vivaient à l'écart, voyant parfois Mme de Genlis quoique celle-ci ait prétendu le contraire. Nous avons dit qu'elle affirmait ne presque pas connaître Dumouriez dont elle blâmait la défection. N'est-il pas surprenant alors que les commissaires de la Convention aient trouvé le général dînant chez elle et qu'elle ait traversé le Luxembourg avec lui à la fin d'avril 1793 ?

Bien plus, elle passait à Hambourg pour habiter avec Dumouriez. M. Jean Harmand raconte

1. *Mémoires du comte de Neuilly.*

que Mme de Genlis se cachant à Altona sous le nom de Miss Clarke, entendait les « commentaires des habitués de l'hôtel sur la marquise de Sillery qui habitait avec Dumouriez à Hambourg ». Cependant Mme de Genlis déclare ignorer même l'adresse du général [1].

En 1795, Reinhardt transmet à Paris le rapport d'un agent secret annonçant la prochaine réunion à Hambourg d'un congrès de tous les émigrés, afin d'adopter un plan dont l'exécution est fixée à la première semaine de juillet :

« Dumouriez doit diriger le congrès ; il a été consulté et remercié des bonnes idées qu'il a suggérées au parti [2]. »

La semaine suivante, Reinhardt annonce que le général est à Hambourg sous le nom de Charles. Le duc d'Orléans est dans le Holstein. Reinhardt fait à ce propos la remarque que les émigrés vont à Paris et en reviennent aussi facilement que s'il s'agissait d'un voyage de Hambourg à Altona.

Un jour le ministre de France rencontra Dumouriez dans un château des environs de Hambourg et ne sut trop quelle attitude prendre vis-

1. *Archives nationales*, F⁷ 6521. J. HARMAND, *Mme de Genlis*, 1911.
2. Archives des Affaires étrangères. *Correspondance de Hambourg*, v. 108.

à-vis de lui. « Ayant aperçu, dit-il, la sensation que causait son arrivée, Dumouriez déclara que le hasard seul l'avait amené. Je m'étais retiré dans une autre pièce pour attendre son départ ; il me suivit et me dit qu'il avait à me communiquer des choses qui intéresseraient le gouvernement, si je voulais lui fixer un rendez-vous. Je répondis que connaissant comme moi notre position réciproque, il ne devait pas s'étonner de me trouver surpris de sa rencontre ; qu'au surplus, s'il avait quelque chose à me communiquer je le priais de le faire par écrit [1]. »

N'ayant pas réussi à faire parler Reinhardt, Dumouriez ne lui donna plus signe de vie.

Le général reçut en 1795 la visite du duc de Chartres, devenu désormais duc d'Orléans, pour lequel il obtint du prince de Hesse un passeport sous un faux nom. Dumouriez étudia avec son ancien aide de camp les moyens de venir en aide à la Vendée et à la Bretagne insurgées. Ils entament alors des négociations avec Barras, Sieyès, Fréron et Tallien qui hésitent, tandis que Macdonald, Mortier et Beurnonville n'attendent qu'une occasion [2]. Ce dernier n'avait donc pas gardé rancune à Dumouriez d'avoir été livré comme

1. Archives des Affaires étrangères. *Correspondance de Hambourg*, v. 108.
2. Michaud, *Biographie*.

otage aux Autrichiens avec les commissaires de la Convention.

Dumouriez écrit à Charette: « Les princes, sans énergie et sans volonté, sont livrés à des flatteurs qui n'ont qu'un dévouement d'anti-chambre... Ils sont impossibles. Mais dans cette famille dont, vous le savez, il n'a pas tenu à moi d'arracher à l'échafaud la tête de son chef, il se trouve d'autres branches. Sans parler de celle de Condé, dont le duc d'Enghien est le héros, il y a la famille d'Orléans.

« Le jeune duc d'Orléans est le seul moyen de transaction possible entre la république et la monarchie.

« Sous le nom de son père qui était un drapeau, c'est pour lui que travaillaient les Girondins... »

(Ici Dumouriez faisait de son ancien aide de camp un éloge pompeux.)

« Le peuple est las. S'il manque quelques voix dans la Convention, on peut les acheter... L'armée n'a pas oublié son vieux général... Nous avons pratiqué des reconnaissances... Que la Vendée donne un roi à la révolution...

« Ne vous fiez pas aux Anglais, ils vous per-dront.

Charette répondit par ces simples mots :

21 novembre 1795.

« Mon cher Dumouriez,

« Dites au fils du citoyen Égalité d'aller se faire f... [1] »

Dumouriez s'adresse ensuite aux autres chefs de l'insurrection. Le seul qui accueille sans réserves ses propositions, est Puisaye.

« Si le duc d'Orléans vient en Vendée, on ne le renverra pas. Il est brave et malgré nous il deviendra roi. Tôt ou tard nous serons forcés de servir la royauté plus que le souverain. Il faut espérer que les véritables viendront. Mais le premier Bourbon qui combattra à notre tête, forcément deviendra roi. »

Les camarades de Puisaye ne partageaient pas son opinion ; cependant il y avait alors des Orléanistes dans tous les camps [2]. Les rapports de police affirmaient que de tous les princes, le duc d'Orléans était le seul adopté par la nation.

Les espions du Directoire perdent complètement la trace de Dumouriez pendant quelques mois. Un rapport de Venet à Deforgues expose que les journalistes sont mal informés « lorsqu'ils réunissent Dumouriez, Égalité, Montes-

1. CRÉTINEAU-JOLY, *Histoire de Louis-Philippe*, 1862.
2. L. DE LANZAC DE LABORIE, *Paris sous Napoléon*.

quiou et la Sillery dans le même asile près de Zurich. Montesquiou est dans le comté de Baden. Dumouriez n'est pas en Suisse où il ne serait pas souffert. On le croit en Saxe, dans les terres de sa sœur la baronne de Schomberg. Le jeune Égalité, son institutrice et Paméla sont à Zug. On veut bien les considérer comme Anglais. Le ci-devant prince de Guémenée est à Arau vivant des aumônes du tiers et du quart. »

Dumouriez écrivait peu après à Montesquiou : « J'ai embrassé avec la plus grande satisfaction mon jeune ami [1]. Je l'ai trouvé résigné et courageux... J'aurais pu le retenir assez agréablement pendant tout l'été. Mais si nous eussions été découverts, on aurait dit que j'élevais à la brochette le chef de la nouvelle dynastie... Il y aura un jour un roi de France. Je ne sais quand, je ne sais qui, mais il ne sera pas pris en ligne directe. »

Il chargeait ensuite Montesquiou de conseiller au duc d'Orléans de rédiger un journal de voyage et de prouver qu'un prince pouvait parler d'autre chose que de chasse, de femmes et de table.

On ne tarda pas à découvrir que le duc d'Orléans avait été rejoindre Dumouriez et s'était installé à quelques lieues de Hambourg, à Izelhoe,

1. Le duc d'Orléans.

afin de ne pas être vu. Bientôt il ne peut faire un pas sans être suivi par des policiers. C'est à cette époque qu'il fit la connaissance de Mme de Flahaut.

Fille d'un marchand de vins d'Orléans, Mme de Flahaut avait fait, disait-elle, un mariage blanc, son mari étant âgé et peu agréable[1]. On attribuait soit à Montesquiou, soit plutôt à Talleyrand la naissance de son fils[2].

C'était une femme fort séduisante qui éblouit le jeune duc d'Orléans. Refusant d'être sa maîtresse, elle émit la prétention de se faire épouser ; elle faillit se faire enlever par lui avec promesse de mariage. Il fallut les efforts réunis de Dumouriez et de Montjoie pour faire comprendre au prince qu'il se fermait ainsi l'accès du trône.

Telle fut la véritable cause du voyage du duc d'Orléans en Norwège et en Laponie. La belle Mme de Flahaut se consola d'ailleurs immédiatement et épousa M. de Souza.

1. M. de Flahaut avait été guillotiné en 1793.
2. REMACLE, *Bonaparte et les Bourbons.*

CHAPITRE XIV

RÉCONCILIATION DES DEUX BRANCHES
DE LA FAMILLE ROYALE

Le départ du duc d'Orléans ne ralentit pas l'activité de Dumouriez. Mais la lettre de Charette l'avait fait réfléchir. Puisque les Vendéens avaient contre le duc d'Orléans la même hostilité que les émigrés, c'était une bien mauvaise tactique que de diviser les forces monarchistes ; une réconciliation s'imposait : il fallait amener le duc d'Orléans à reconnaître le comte de Provence comme seul roi légitime, et il fallait amener Louis XVIII à oublier Philippe-Égalité. Cette négociation délicate était encore plus difficile pour Dumouriez que pour un autre : détesté des émigrés, il ne s'était pas gêné pour critiquer la proclamation du comte de Provence datée de Vérone. Il déclarait en 1792 : « C'est l'émigration qui a provoqué en France toutes les haines et perpétué l'anarchie. » Ni le prétendant ni son entourage ne pardonnaient au vainqueur de Valmy et de Jemmapes : sans ces deux journées, les alliés seraient arrivés à Paris et auraient peut-être sauvé le roi et la reine.

Mais les difficultés n'effrayaient jamais Dumouriez. Il prépara le terrain auprès du duc d'Orléans, en l'embarquant pour la Norwège, puis il se mit en rapports avec M. de Saint-Priest. Après quelques hésitations, le comte de Provence fit envoyer au duc d'Orléans un projet de lettre où le jeune prince non seulement faisait acte de soumission mais déclarait formellement regretter toute sa vie passée, y compris la campagne de 1792[1]. On lui offrait en échange un commandement dans l'armée de Condé. Le duc d'Orléans blessé refusa et déclara avoir toujours reconnu à la nation française le droit de se donner une constitution. L'entourage du comte de Provence lui cacha cette réponse dans l'espoir d'en obtenir une plus favorable. Tout était à recommencer.

A ce moment l'impératrice Catherine offrit à Dumouriez un commandement en Russie. Le général refusa car il était absorbé par un projet de coup d'État à Paris ; il avait repris ses négocia-

1. A. GRUYER, *la Jeunesse de Louis-Philippe.*

tions avec Barras, tandis que les émissaires de Louis XVIII se mettaient en relations avec Boissy d'Anglas, Cambacérès et Tallien. On sait depuis quelques années que l'exemple leur en avait été donné par l'incorruptible Robespierre lui-même[1].

Tallien et Cambacérès n'ayant pu se mettre d'accord avec le comte de Provence, songèrent au duc d'Orléans. Le marquis de Rivière signalait parmi leurs complices Sieyès, Barthélémy, Necker, Mme de Staël, Mme de Montholon, etc.

Les journaux de Paris dénoncèrent le complot de « la faction d'Orléans, d'autant plus dangereuse que ses chefs marchent aujourd'hui de concert avec les anarchistes et les Jacobins[2] ».

Les rapports de police de cette période signalent constamment des menées orléanistes. C'est par ces rapports que l'on est le mieux tenu au courant des événements quotidiens. M. Aulard a eu la patience de les éditer en une vingtaine de gros volumes[3]. Ils sont généralement divisés en quatre ou cinq courts chapitres : Esprit public, Journaux, Spectacles, Bourse, ou : Émigrés, Journaux, Spectacles, Bourse.

1. *Revue de la Révolution*, 1888, p. 194. Article de M. Gustave Bord.

2. *L'éclair* du 4 août 1796.

3. *Paris sous la réaction thermidorienne et sous le Directoire. Paris sous le Consulat.*

On apprend ainsi par exemple que les royalistes avaient adopté comme signe de ralliement une ganse blanche au chapeau avec un filet noir.

Beaucoup de membres du Corps législatif dînent souvent chez la duchesse d'Orléans. Carnot est d'accord avec Barras. Les ministres de l'Intérieur et de la Police « sont les plus ardents soutiens de cette faction[1] ».

On parle du remplacement du ministre de la Police par le citoyen Voidel; aussitôt celui-ci est dénoncé comme orléaniste. Le bruit court que le duc d'Orléans, au lieu de faire un voyage d'agrément est caché à Rennes[2].

Le ministre de France à Hambourg annonce que lord Wycombe, fils du marquis de Landsdowne, est allé voir Dumouriez, et qu'il a eu avec lui une longue conférence. Reinhardt signale également l'arrivée de Lafayette sous un nom supposé; il croit que Dumouriez a tenté de se réconcilier avec lui. Il remarque que le duc d'Oldenburg, invité à dîner avec Lafayette, « ne lui adressa pas une seule fois la parole et témoigna son ressentiment qu'on l'ait fait dîner avec ce général. Au contraire le prince de Hesse a parfaitement accueilli Dumouriez. Pendant le séjour de ce dernier à Kiel et à Schleswig, ils furent insé-

1. *Bulletin de police* du 25 novembre 1796.
2. *Bulletin de police* du 1er octobre 1796.

parables. Depuis cette époque tous les courtisans portent Dumouriez aux nues [1] ».

Quelques jours plus tard, Reinhardt annonce que Dumouriez est parti subitement on ne sait pour où. « Il a répandu qu'on avait voulu l'assassiner. Quelle manie de paraître quelque chose ! »

Le succès de sa brochure intitulée : *Tableau spéculatif de l'Europe* est tel que la première édition est immédiatement enlevée, et Roberjot signale à Talleyrand le succès de la seconde édition [2].

Le Courrier républicain du 3 octobre annonce de nouveaux progrès du mouvement : le parti orléaniste se croit sûr d'un prochain succès : « Nous avons des motifs de penser que son espoir n'a jamais été mieux fondé. La faction se propose de proclamer un dictateur qui ouvrira le chemin du trône au fils de l'exécrable Égalité. »

Est-il besoin d'ajouter que le dictateur en question c'était Dumouriez ?

Dans toute la France s'organisaient alors des associations philanthropiques où, sous prétexte de charité, l'on faisait de la propagande royaliste. Lanjuinais, Boissy d'Anglas, Cambacérès,

1. Archives des Affaires étrangères. *Correspondance de Hambourg*, v. 112.
2. Archives des Affaires étrangères. *Correspondance de Hambourg*, v. 112.

Durand de Maillane, Vaublanc, Dupont de Nemours, Lacretelle, Quatremère de Quincy, Fiévée, Suard, Tallien, Isnard, Barthélémy, etc., entrent en rapports avec le parti monarchiste [1]. Les royalistes s'affilient peu à peu aux loges maçonniques, afin de pouvoir conspirer à l'abri de la police [2]; seulement il s'y glisse toujours quelque espion qui dénonce leurs projets.

Il y a alors un revirement d'opinion dans le ministère anglais : on craint que Louis XVIII n'échappe à l'influence britannique, et l'on suppose que l'on pourrait tenir le jeune duc d'Orléans en tutelle.

Lord Granville déclare à lord Macartney que l'Angleterre veut pour la France un gouvernement constitutionnel et il fait observer au duc d'Harcourt que l'Angleterre ne saurait imposer à la France aucune sorte de gouvernement [3].

Dès lors on regarde Dumouriez d'un moins mauvais œil à Londres.

A cette époque le comte de Provence est avisé par Bernier que Puisaye, Barrère et Turreau se préparent à mettre le duc d'Orléans sur le trône [4].

1. LAVALLÉE, *Histoire des Français*.
2. L. DE LANZAC DE LABORIE, *Paris sous le Consulat*.
3. ANDRÉ LEBON, *l'Angleterre et l'émigration*.
4. THIERS, *Révolution française*, t. IV.

Mais en janvier 1797 la conspiration est découverte au moment où elle allait peut-être réussir : 180 députés étaient complices [1], entre autres Portalis, Boissy d'Anglas, Siméon, Barbé-Marbois, etc. Des mandats d'arrêt sont lancés contre Brotier, Duneau, Lavilleheurnois. On ne trouve aucune preuve contre Barras, M. Chassin affirme que Mme de Beauharnais était du complot [3].

Cochon de Lapparent, directeur de la police, eut sans doute un moment de satisfaction lorsqu'à défaut de Dumouriez, la gendarmerie saisit la liste du futur ministère du roi de France. Elle se terminait par ces mots: « A la police laisser Cochon. »

Quelques mois auparavant, un agent du Directoire avait tiré sur le comte de Provence une balle qui n'atteignit que son chapeau. Plusieurs des conspirateurs proposèrent comme représailles de tuer les Directeurs. Le gouvernement anglais refusa de leur en faciliter les moyens [3].

Tandis que Dumouriez et ses amis se remuaient sans succès, la réputation et l'influence du général Bonaparte grandissaient. Sabatier de Castres lui envoie le 19 mai 1797 un article du *Spectateur du Nord* écrit, prétend-il, par Dumouriez

1. CASSAGNAC, *Histoire du Directoire.*
2. CHASSIN, *les Pacifications de l'Ouest*, t. III.
3. CHASSIN, *les Pacifications de l'Ouest.*

et Rivarol en collaboration, et dissertant sur les qualités et les succès de Napoléon. « Le général Bonaparte, concluait cet article, est sans contredit le guerrier le plus brillant qui ait paru à la tête des armées de la République. L'opinion n'est plus douteuse sur ses talents, mais elle est variée encore sur son caractère... Ce n'est qu'à la paix, dont la rapidité de ses victoires précipite la conclusion, qu'on pourra décider si ce général a été enthousiaste révolutionnaire ou politique profond, s'il a travaillé pour la nation ou pour lui-même.

« Quel que soit l'événement qui couronnera sa carrière militaire, Bonaparte est toujours un grand homme. L'histoire lui assignera après sa mort son véritable rang parmi les héros ou parmi les scélérats fameux. » Les *Mémoires* de Bourrienne ont reproduit cet article, auquel nous ne croyons pas que Dumouriez ait collaboré : D'abord il n'aurait jamais admis que Bonaparte fût le général *le plus brillant* des armées de la République. Ensuite il était en froid avec Rivarol. En arrivant à Hambourg, Mme de Barruel-Beauvert avait écrit à son frère : « Tâchez donc de tirer Dumouriez de son tombeau. Par ce qu'il a fait déjà on doit juger de ce qu'il fera encore[1]. »

1. LESCURE, *Rivarol*.

Rivarol lui avait répondu : « Si les prières fléchissent le courroux du ciel, c'est à ceux qui ont la foi de prier. Pour moi qui n'ai précisément que celle qu'il me faut, je suis très loin d'aspirer à faire un miracle. L'opinion à tué Dumouriez lorsqu'il a quitté la France. Dites-lui donc de faire le mort ; c'est le seul rôle qu'il lui convienne de jouer. »

S'il y a eu collaboration pour l'article sur Bonaparte, nous pensons que c'est Mme de Barruel-Beauvert qui a tenu la plume à la place de Dumouriez[1].

Pendant l'été de 1797 le général vient à Paris sous un déguisement, afin de renouer les fils de la conspiration. Au 18 fructidor il échappe à grand'peine à la police. *La Gazette nationale* en racontant l'insuccès du complot, ajoute : « Les rues aboutissant au Directoire sont occupées la nuit par des postes qu'on relève le matin. On a arrêté le marquis de Bouillé et M. de Barruel-Beauvert[2]. On a manqué Dumouriez d'une demi-heure[3]. »

1. C'est Sabatier de Castres qui adressait l'article à Bonaparte. Il est à remarquer qu'au début de la Révolution, le correspondant mystérieux de Dumouriez lui écrivait en parlant de Rivarol : « Votre beau-frère de la main gauche écrit sous le nom de Sabatier de Castres (Dans le texte : « *Your Brother not in law but out law* », etc.).

2. Il s'agit de l'oncle de l'amie de Dumouriez ; il était le principal rédacteur des *Actes des Apôtres*.

3. 26 septembre 1797.

Après cette alerte, le général disparaît pendant plusieurs mois, puis le Directoire est prévenu par Kilmaine que Dumouriez va incessamment arriver à la tête de plusieurs milliers d'émigrés. Un soulèvement éclatera en même temps à Paris. Le Directoire répond au général Kilmaine de mettre en état de siège les forts et les villes des côtes de la Manche et de l'Océan.

Le bruit du débarquement de Dumouriez se répandant en Normandie et en Bretagne, le général Michaud informe le gouvernement que les administrateurs civils « font dans leurs culottes[1] ».

Les précautions prises de tous côtés par la police font ajourner le débarquement de Dumouriez. Le contre-ordre n'ayant pu être donné partout, des soulèvements éclatent au jour fixé dans la Haute-Garonne, le Gers, le Lot, l'Aude, le Tarn-et-Garonne, le Lot-et-Garonne.

Brottier écrivait alors à Charette : « J'ai de jolies femmes dans nos intérêts. Avec elles on est sûr de nos Directeurs. »

La plus connue de ces jolies femmes était Mme de Beauharnais.

Les rapports des agents diplomatiques signalent l'hiver suivant un voyage de Pichegru à

1. CHASSIN, *Pacifications de l'Ouest.*

Hambourg dans le but de voir soit Lafayette à Ploen, soit Dumouriez à Schleswig : « Dumouriez est devenu l'âme damnée de l'Angleterre pour engager le Danemark à entrer dans la coalition contre la République… il est parvenu à persuader au prince de Hesse, à la Russie et à l'Autriche que le Holstein et le Danemark sont pleins d'agents français cherchant à révolutionner le pays. Il a donné tant de craintes aux cours du Nord qu'elles ont fondé un bureau d'espionnage qui sera dirigé par Dumouriez.

Les magistrats d'Altona le poursuivent en diffamation pour avoir accusé leur ville d'être un foyer de jacobinisme, Dumouriez a envoyé le comte de Verteuil, le chevalier de Sainte-Marie, l'abbé Sante, le baron du Guillet et Malard pour recueillir les preuves de ce qu'il avance[1]. Le ministre de la Police apprend, le 28 frimaire an VII, que le général publie une nouvelle édition de son *Tableau spéculatif de l'Europe*. L'ordre est aussitôt donné de « faire faire les plus scrupuleuses recherches pour découvrir les imprimeurs, libraires et colporteurs[2] ».

Non contente de faire suivre Dumouriez, la

1. Archives des Affaires étrangères. *Correspondance de Hambourg*, v. 114.
2. *Archives nationales*, F⁷ 6171.

légation de France fait filer aussi son médecin, le docteur Menuret, Baptiste et M. de Châteauneuf libraire [1].

Parandier informe Talleyrand que l'influence du général grandit : il a fait perdre un procès à un professeur admirateur des Jacobins; M. Vuzer, ayant à se plaindre de sa femme, veut, en se séparant, lui retirer la garde de ses enfants; il est débouté de sa demande parce que Dumouriez a recommandé Mme Vuzer au prince de Hesse.

Par la même occasion le général demande et obtient la fermeture du club philanthropique de Kiel composé de Jacobins.

Une première tentative de Dumouriez pour se rapprocher du comte de Provence avait échoué, parce qu'il mettait la condition que le prétendant ne doive pas son trône à l'aide des puissances étrangères. Les courtisans indignés en concluaient que plus que jamais Dumouriez travaillait pour le duc d'Orléans.

Dans les réunions secrètes où l'on conspirait à Paris, un certain nombre de généraux et de sénateurs avaient admis le remplacement de la République par un prince autre que le comte de Provence. On mit aux voix la candidature de

1. Archives des Affaires étrangères, Hambourg, 114.

l'ami de Dumouriez, mais la majorité opta pour le duc d'Enghien [1].

Il est probable que Napoléon instruit de ce fait considéra dès lors le duc d'Enghien comme un rival dangereux.

Une lettre de Dumouriez parut en octobre 1799 dans *le Spectateur du Nord*.

Protestant contre l'accusation d'être le chef d'une faction orléaniste, le général déclarait : « Le jeune duc a pleuré avec moi sur la mort de Louis XVI... Si j'étais le chef d'une faction usurpatrice, j'aurais ménagé les scélérats que j'ai toujours couverts d'opprobres... Je suis royaliste ; je reconnais Louis XVIII pour mon légitime souverain. »

Mme de Genlis admettait aussi la nécessité d'une réconciliation. Elle adressa à son ancien élève une lettre où elle ne lui ménageait pas ses vérités : « Si le trône est relevé, il appartient aux frères de Louis XVI. Si vous y montiez, de nouvelles factions vous en chasseraient... Vous n'avez, à l'exception du courage et de la probité, ni les talents ni les qualités nécessaires pour régner. »

Mme de Genlis fit publier cette lettre. Le duc d'Orléans estima qu'elle exagérait, et, à l'insu

1. SOREL, *Lectures historiques*.

de Dumouriez, il fit imprimer une réfutation qu'il détruisit presque aussitôt[1].

La situation du général s'était améliorée grâce à l'amitié du prince Charles de Hesse, gouverneur du Holstein. Après avoir d'abord partagé les préventions générales contre le vainqueur de Valmy, le prince fit plus ample connaissance avec lui à Hambourg, étudia sa conduite et discuta ses idées ; bientôt il devint un de ses plus chauds défenseurs.

Averti par le prince qu'un policier français se disposait à l'assassiner, Dumouriez lui en témoigna une vive reconnaissance et ils ne tardèrent pas à devenir amis intimes. Le gouverneur du Holstein insista pour lui faire accepter une maison très bien située, avec une petite pension.

Nous ne savons si c'est à l'instigation du prince de Hesse que d'Avaray et Saint-Priest envisagèrent la possibilité de renouer des négociations avec Dumouriez.

A la suite d'une nouvelle démarche de Fonbrune (assez mal vu d'ailleurs à la cour), Saint-Priest avertit le général que Sa Majesté examinerait ses plans à condition qu'il demande dans des formes convenables l'agrément du roi. Du-

1. LAURENT DE L'ARDÈCHE, *la Maison d'Orléans.*

mouriez adressa donc au comte de Provence une lettre officielle et Saint-Priest lui répondit : « Le roi sait gré à M. de Fonbrune d'avoir servi à la manifestation de vos sentiments. Mais vous n'avez pas besoin d'intermédiaire et notre connaissance de trente-cinq ans autorise un commerce direct entre nous. Je ne dissimule pas ma satisfaction de voir un homme tel que vous embrasser la cause de son légitime souverain. »

De son côté, le comte de Provence lui écrivait : « J'ai reçu les assurances de votre dévouement non seulement avec satisfaction mais avec confiance, et je suis convaincu que nous n'aurions pas tardé si longtemps à nous entendre si j'avais pu, en septembre 1792, obtenir la permission de vous attaquer dans votre camp [1]. »

Néanmoins Thauvenay fut envoyé interviewer le général. Dumouriez lui déclara avoir été calomnié par Rivarol; il affirma que tout dévoué au roi, il userait de son influence pour lui faire rendre hommage par le duc d'Orléans. Thauvenay remarque que le général a pris dans ses mauvaises fréquentations un langage peu soigné [2], que Mme de Barruel-Beauvert a mauvais ton; « mais il me paraît qu'elle a l'âme élevée, qu'elle désire vivement la gloire de Dumouriez, et d'au-

1. DAUDET, *Histoire de l'émigration*, t. II, p. 338.
2. FORNERON, *Histoire des émigrés*.

tant plus que la femme du général vient de mourir en France... Que faire s'il me prie d'être témoin au mariage [1] ? »

A l'annonce de cet événement, Dumouriez se préparait en effet à régulariser sa situation. Seulement il ne tarda pas à apprendre que la nouvelle était fausse et il parut « fort peu satisfait », écrit Thauvenay [2].

Ayant échappé l'un à la bigamie, l'autre à la corvée d'être témoin, ils se remirent à étudier une action simultanée de Pichegru envahissant la Franche-Comté, soutenu par les Russes, Willot entrant en Dauphiné avec une armée autrichienne, Dumouriez débarquant en Normandie. Toutefois le général faisait observer qu'il n'avait ni argent ni troupes. Sur ces entrefaites, les Belges, désireux de secouer le joug français, demandent à Dumouriez de se mettre à leur tête. Le général écrit à Saint-Priest pour obtenir l'autorisation du comte de Provence; elle arrive seulement au bout de quelques semaines. Les courtisans et les émigrés critiquent les idées de Dumouriez. On veut reprendre le premier projet, on discute, on perd du temps, et le 18 Brumaire vient mettre fin au plan reposant sur la connivence d'une partie du gouvernement de Paris.

1. Le Breton, *Rivarol.*
2. 24 juillet 1800.

Dès lors ce n'est plus aux Jacobins que Dumouriez déclare la guerre, c'est à l'aventurier corse qui se prépare à confisquer la liberté. Après avoir protesté contre l'émigration, auxiliaire de l'étranger, il commence à préparer son alliance avec la coalition. Il donne rendez-vous à Thauvenay à Elmshorn sur l'Elbe. En réponse à une allusion à l'ambition du duc d'Orléans, Dumouriez proteste que la prétendue faction d'Orléans n'existe pas « du moins dans le cœur du prince, avec qui je n'ai pas cessé d'être en rapports. Quelques intrigants abusent de son nom à son insu. C'est un malheur; aussi j'ai un plan de rapprochement que je proposerai au roi. » Puis il excite l'admiration de Thauvenay en lui exposant ses projets [1].

Peu après, le prince de la Trémoïlle négocie une réconciliation entre Dumouriez et Pichegru séparés par la jalousie. Il trouve Pichegru « très porté à toute espèce de rapprochement avec Dumouriez; mais ne voyant rien qui nécessite une entrevue en ce moment, il attendra que le vœu lui en soit exprimé. Quand Dumouriez le jugera nécessaire il sera disposé à s'y rendre [2]. » Ils restèrent quelques jours à Londres, s'attendant

1. E. DAUDET, *Une réconciliation de famille.*
2. L. DE LA SICOTIÈRE, *Frotté et les insurrections normandes.*

réciproquement, parce qu'aucun d'eux ne voulait faire le premier pas. Enfin lorsque Pichegru se fut décidé à se déranger[1], ils se communiquèrent leurs plans et chacun resta convaincu de la supériorité du sien.

L. de Frotté accompagna la Trémoïlle chez Dumouriez par ordre du roi. « J'entendis, raconte-t-il, de la bouche de Dumouriez, avec une vive satisfaction, l'abjuration de ses erreurs précédentes, l'expression la plus persuasive de son dévouement pour le roi, et la joie qu'il aura à se rapprocher de Pichegru avec une abnégation totale de toute autre prétention que celle d'être utile. S'il n'a pas encore écrit au roi, c'est qu'il a mis sa fierté à ne pas écrire des protestations vagues, et à n'offrir directement ses services au roi qu'après s'être assuré les moyens de le servir utilement[2]. »

Le prince de la Trémoïlle conduit ensuite le général Willot chez Dumouriez pour étudier son plan de campagne. Willot propose de demander le secours de la Russie ; Dumouriez lui apprend qu'il s'est déjà mis en correspondance avec l'empereur dans le même but. On eût hésité,

1. D'après quelques auteurs c'est Dumouriez qui fit le premier pas.

2. Archives du duc de la Trémoïlle. L. DE LA SICOTIÈRE, *L. de Frotté et les insurrections normandes.*

dit Dumouriez, à se servir de l'étranger contre la République ; on n'hésitera pas contre Bonaparte.

L'attaque doit se produire par la Provence, au moment où les Impériaux menaceront les frontières d'Italie. Précy soulèvera Lyon ; Willot recrutera des partisans et sera rejoint par six mille Basques et trois mille étrangers débarquant aux Martigues. Le duc de Berry occupera le port de Cette, puis, réuni à Willot, marchera sur Saint-Étienne tendre la main aux Lyonnais. Le comte d'Artois s'emparera de Saint-Malo et Lorient, Pichegru de Besançon et Dumouriez de Cherbourg[1].

Le czar ne semblait pas approuver une intervention royaliste en France ; il ne répondit même pas à une lettre du comte de Provence en faveur de Willot. Dumouriez se fit alors présenter au comte Mourawief, s'efforça de le convaincre, et, dans le but de se faire bien venir du gouvernement russe, lui transmit des renseignements sur les faits et gestes du ministre de France à Hambourg. On a fait un crime à Dumouriez de cette incorrection, mais voici comment il y fut amené : averti par le prince de Hesse qu'un policier français le cherchait pour l'assassiner, le

1. DAUDET, *Une réconciliation de famille.*

général organisa une contre-police pour se défendre. Il fut ainsi tenu au courant de tout ce qui se passait à la légation de France, et afin de se venger, il livra les secrets de ses ennemis à Mourawief.

Le 6 octobre, Saint-Priest informe Dumouriez que les négociations avec la Russie n'avancent pas ; il conseille au général d'écrire directement à l'empereur, en l'avertissant qu'il envoie copie de sa lettre au comte de Provence. « Nous ne pouvons, ajoute-t-il, nous servir de vous ouvertement, de crainte qu'on ne le trouve mauvais à Saint-Pétersbourg. On veut bien s'occuper de nous, mais on nous traite comme des enfants qu'on soigne sans leur faire part des moyens...

« Mettez votre adresse à faire naître chez l'empereur l'envie de vous voir. »

Le général avait déjà fait la démarche en question avec l'appui de Mourawief. Le comte de Provence y ajouta une lettre de recommandation, faisant valoir l'accès de Dumouriez à la cour de Danemark, sa liaison avec le prince de Hesse, ses connaissances militaires et politiques, les partisans que sa réputation est en état de faire, etc. ; « son retour à ses devoirs est d'autant plus sincère qu'il a été volontaire ».

Malheureusement ces lettres parviennent à Pétersbourg après la nouvelle des victoires de

Napoléon ; le czar attribuant la défaite de Korsakof à la mauvaise foi des Autrichiens, abandonne la coalition. Sur les instances du comte de Provence, Paul Ier se décide néanmoins à appeler Dumouriez à Pétersbourg.

Le général se mit d'abord en route pour Mittau, résidence du comte de Provence, après avoir obtenu de d'Avaray l'assurance qu'une démarche du duc d'Orléans serait favorablement accueillie. Avant de partir il adresse donc à son ancien aide de camp la lettre suivante : « Je me suis chargé, mon jeune et cher ami, d'une commission que je voudrais avoir reçue plus tôt, parce qu'elle convient à votre cœur et au mien.

« Apprenez d'abord que tous les préjugés sont dissipés ; qu'ayant pris la liberté d'écrire à Louis XVIII, il m'a fait une réponse telle qu'Henri IV aurait pu faire à Sully. M. Thauvenay m'a apporté cette lettre ; il m'a parlé de vous et de vos frères avec le plus grand éloge... Il a été chargé de voir Montjoie pour savoir comment procurer au baron de Roll une entrevue avec vous...

« J'ai reçu ordre de vous engager à écrire au roi. Vous pouvez ou m'envoyer cette lettre, ou l'adresser à M. Thauvenay à Hambourg, sous l'enveloppe de notre ami Westphalen. Faites-la simple et sentimentale comme votre cœur vous la dictera, au nom de vous trois et signée de vous trois...

« Il y a trop longtemps que votre auguste maison est divisée ; c'est cette division qui a fait tous ses malheurs et celui de notre patrie. Votre réunion achèvera de désarmer les scélérats qui abusent encore du nom d'Orléans pour perpétuer l'anarchie et les calamités de la France. Non seulement il faut que votre démarche soit prompte, mais il faut aussi qu'elle soit authentique et connue de toute l'Europe. Rappelez-vous ce que je vous dis à Jemmapes en vous envoyant au combat : « Petit-fils de Henri IV, montrez-vous digne de lui. » Je vous répète la même exhortation. Rappelez-vous les larmes amères que vous avez versées dans mes bras à Liège...

« Je vous embrasse comme mon fils adoptif. J'attends avec impatience votre réponse, ou plutôt vous-même. »

Dumouriez écrivait en même temps à d'Avaray : « Je n'avais pas attendu l'ordre positif du roi pour écrire au duc d'Orléans. Cependant, pour lui donner confiance entière, je lui ai annoncé cet ordre... Je veux qu'il vous connaisse, qu'il vous apprécie et qu'il vous aime comme moi. »

L'arrivée du général, qui suivit de près cette lettre, souleva à Mittau bien des discussions parmi les courtisans toujours prévenus contre lui. D'Avaray eut beaucoup de peine à calmer les gardes du corps qui voulaient chercher querelle à Dumouriez et à ses aides de camp. Le nouveau converti avait, disaient-ils, la tête trop près du bonnet rouge pour le faire entrer dans les conseils du roi. Le duc de Bourbon écrivait au prince de Condé : « Dumouriez a fait une belle protestation publique de son pur royalisme... s'il dit la vérité c'est assurément très louable, mais on fera bien de ne pas se livrer entièrement à sa bonne foi, car je le regarde comme un maître coquin [1]. »

La duchesse d'Angoulême, toujours persuadée que le général était un Jacobin, se refusait à le recevoir ; il était donc difficile d'inviter le voyageur à dîner. D'autre part sa fierté ne supporterait pas un affront. Heureusement le grand-duc Constantin devait dîner ce soir-là chez le comte de Provence. Saint-Priest fut chargé d'aller expliquer à Dumouriez à sa descente de voiture, qu'aucun étranger autre qu'un prince du sang ne pouvait être invité avec le grand-duc. Le comte de Provence lui donna seulement audience dans son cabinet ; la soirée se passa chez d'Avaray où le général développa longuement ses plans de campagne.

1. CRÉTINEAU-JOLY, les *Trois derniers princes de Condé*.

La lettre d'introduction de Dumouriez le désignait comme maréchal de camp; il protesta puisqu'il était lieutenant général, mais le comte de Provence déclara ne pas reconnaître les nominations postérieures à la Révolution.

Il partit, inquiet de ne pas recevoir la réponse du duc d'Orléans, mais après son arrivée à Pétersbourg, il apprit par d'Avaray que ses efforts étaient couronnés de succès et que la réconciliation était faite. Il écrivit aussitôt au duc d'Orléans : « Le roi vous attend; allez vous jeter dans ses bras. »

Le jeune prince, au reçu de la première lettre de Dumouriez, avait demandé une audience au comte d'Artois qui se trouvait à Londres comme lui; et le 13 février 1800, le comte de Provence recevait une lettre d'hommage terminée par cette formule : « Je suis de Votre Majesté le très humble, très obéissant et très fidèle serviteur.

« Louis-Philippe de Bourbon, duc d'Orléans[1]. »

Les rapports de police en signalant cet événement font observer que la réconciliation des princes avec le chef de leur famille est l'ouvrage de Dumouriez seul; leur mère y était opposée[2].

La lettre du duc d'Orléans ne fut pas rendue

1. E. DAUDET, *Une réconciliation de famille.*
2. *Archives nationales*, F⁷ 3701, 21 ventôse, an VIII.

publique ; mais elle fut communiquée aux ambassades de Russie, d'Espagne, et à quelques personnes de l'entourage du comte de Provence.

Cependant l'auteur de cette réconciliation arrivait en Russie.

L'empereur Paul Ier, dont l'excentricité touchait à la folie, était, s'il faut en croire Dumouriez, très violent et très irritable. « Il n'avait pas le sens commun, mais l'esprit d'un diable. » Pour l'instant il avait toute confiance en Rostopchine et une grande affection pour une actrice française admiratrice de Bonaparte et hostile aux royalistes.

Rostopchine jugeait que l'intérêt de la Russie n'était pas à ce moment de travailler au rétablissement de la monarchie en France. Il vit Dumouriez à son arrivée, et lui expliqua que le changement d'orientation de la politique russe rendait son voyage inutile ; dès lors il ferait mieux de repartir.

Mais le général qui ne se démontait pas facilement, répliqua que chargé par son roi d'une mission auprès de l'empereur, il ne partirait pas avant de s'en être acquitté.

Rostopchine promit de lui obtenir une audience mais se garda bien de le faire. Au bout de quelque temps, Paul Ier apprenant la présence de Dumouriez à Pétersbourg, en parla à Rostopchine qui trouva une foule de bonnes raisons pour retarder l'audience. Il persuada à l'empereur d'attendre les événements, avant de donner une réponse au comte de Provence. Enfin, au bout de six semaines, Dumouriez fut autorisé à venir à la parade. L'empereur causa longuement avec lui, parlant au général de toute sa vie passée, lui demandant son avis sur la situation de l'Europe. « J'ai eu d'abord, lui dit-il, le plus grand désir de vous connaître. Ensuite je m'étais décidé à ne pas vous voir. Mais ce qui vous est personnel n'y est pour rien ; les affaires politiques du moment en étaient seules cause [1]. »

Le czar fut si satisfait de Dumouriez qu'il l'invita à venir tous les jours causer avec lui à la parade. Il ne tarda pas à être sous le charme du général : tout en lui avouant son admiration pour le premier consul, il lui déclara : « Il faut que vous soyez le Monk de la France. »

« Si Votre Majesté, répondit Dumouriez, veut m'en donner les moyens j'y arriverai. » Et il remit à l'empereur la première partie d'un mémoire exposant ses plans. Paul Iᵉʳ l'autorisa à traiter avec l'Angleterre en vue d'une action commune et lui demanda pour le lendemain la seconde partie de son mémoire. Dumouriez triom-

1. MAHUL, *Annuaire nécrologique*, 1823.

phait déjà, mais le lendemain la parade est décommandée à cause d'une tourmente de neige qui dure trois jours. Pendant cet intervalle Rostopchine parvient à ébranler l'opinion du czar. On apprend précisément les victoires françaises en Égypte, puis la Russie se plaint des agissements du ministre anglais à Constantinople. L'incident est grossi par les agents du premier Consul et pendant un mois on feint d'oublier Dumouriez.

Le ministre de Danemark informait son gouvernement que le général « a reçu à Pétersbourg l'accueil le plus favorable. Il est à la veille de rendre à sa patrie un service bien plus éclatant que tous ceux qu'il aurait pu lui rendre par ses services militaires ».

A la fin c'est Rostopchine qui triomphe. Il prévient Dumouriez que sa présence est désormais inutile. Il faut donc se résigner à partir. Accompagné de d'Agoult, le général va rendre compte de son voyage au prétendant, puis retourne aux environs de Hambourg.

Attristé et fatigué, Dumouriez ne désespérait jamais. Apprenant par ses agents le départ d'émissaires français qui projetaient de faire une révolution en Russie, il s'empresse d'en informer le czar. Puis il redouble d'efforts pour reconquérir son influence. Mais il était loin et

Rostopchine était en faveur. « L'empereur, écrivait plus tard [1] ce dernier, m'a ordonné de vous faire savoir que vous n'avez qu'à prendre un peu de patience pour voir s'effectuer des projets auxquels vous accorderez peut-être votre estime. »

Pendant qu'il lui faisait ces belles promesses, le gouvernement russe négociait avec le premier Consul et abandonnait le comte de Provence.

11 février 1801.

CHAPITRE XV

CONSPIRATIONS CONTRE LE PREMIER CONSUL

Le voyage de Dumouriez à Mittau et à Pétersbourg n'avait été profitable qu'à lui. Il n'était
plus « le général des sans-culottes » ; il était à la
fois le représentant du comte de Provence et
du duc d'Orléans. Ce « déserteur vagabond »
était devenu une puissance.

La soixantaine n'avait pas alourdi sa démarche ni surtout diminué ses facultés.

Les cours étrangères étaient revenues de leurs
préventions contre Dumouriez, peut-être plus
encore que le comte de Provence.

L'archiduc Charles d'Autriche, de passage à
Hambourg, alla le consulter sur les moyens
d'arrêter l'ambition grandissante du premier
Consul et lui fit accepter une pension de
3.000 florins.

Talleyrand avait prié Bourgoing, ministre de France à Hambourg, de surveiller le général et de s'informer du résultat de son voyage en Russie. Il apprend ainsi que Dumouriez fait un grand éloge du comte de Provence, de son esprit et de son instruction. Le général a dîné plusieurs fois chez M. de Mourawief « où il a osé raconter quelques-unes des extravagances de Paul Ier. Le ministre russe en est déjà à convenir que son maître pourrait bien être un peu fou.

« Il a aussi dîné chez M. de Breteuil qui pense cependant sur notre Révolution beaucoup plus sagement que lui. On a été surtout étonné de voir Dumouriez reprendre ses liaisons avec Dangely, espion de l'Angleterre; il le méprise mais croit lui avoir quelques obligations. Il s'établira demain dans le faubourg Saint-Georges avec Mme de Barruel-Beauvert à laquelle il reste attaché. Il veut, dit-il, travailler à de nouveaux *Mémoires*. C'est ainsi qu'il espère détourner les soupçons sur sa mission secrète à Berlin[1]. »

Bourgoing ajoute qu'il dîne le lendemain chez un sénateur où « il serait possible que Dumouriez se trouvât. Je n'ai pas cru qu'il y eût de

1. Archives des Affaires étrangères. *Correspondance de Hambourg*, v. 115. Rapport du 19 floréal, an VIII.

l'inconvénient à m'exposer à cette fortuite rencontre.

« 29 floréal. — Dumouriez a eu une entrevue avec Bellegarde. L'accueil qu'il reçoit chez le ministre russe ne laisse aucun doute sur celui que lui a fait l'empereur...

« Il est le confident inactif des tristes vœux de Paul Ier pour Louis XVIII.

« 3 prairial. — Paul Ier persiste dans son éloignement pour la coalition, mais continue à avoir une idée très favorable de Dumouriez et à attacher un grand prix au rôle qu'il va jouer... Peut-être notre résistance à Gênes, notre marche victorieuse à travers la Souabe, auront-elles trompé les calculs de Pétersbourg et de Mittau, et Dumouriez se trouvera condamné de fait à l'obscure inaction à laquelle il feint de se vouer volontairement.

« Si cette conjoncture est fondée, Dumouriez, il faut en convenir, se conduit assez adroitement. Il fait le pauvre, il accrédite l'opinion qu'il ne sera employé à rien ; et il se ménage ainsi la réputation d'être devenu ou très discret ou très modeste.

« Je crois qu'il admire avec dépit le beau plan militaire qui se développe en Allemagne et en Italie; il dit que si ce plan continue à s'exécuter avec succès, il ajoutera à la gloire du premier

Consul, et forcera dans peu de temps la cour de Vienne à la paix.

« 6 prairial. — On en est déjà à s'occuper fort peu de Dumouriez et le peu d'amis qui lui restent conviennent qu'il sera bientôt tout à fait oublié.

« 17 prairial. — Dumouriez a cessé de voir quelques-uns de ses amis, notamment Dangely[1]. Mais il voit souvent le ministre de Russie et M. de Breteuil... J'ai enfin des notions positives sur l'espèce de succès qu'il a eu à Pétersbourg.

« 27 prairial. — Dumouriez est oublié chaque jour de plus en plus[2]. »

Le centre des intrigues royalistes était alors à Londres et non plus à Hambourg. Dumouriez prit donc la résolution de s'y fixer au moins provisoirement. En outre, les communications avec Paris étaient plus rapides que de Hambourg, et les espions pouvaient s'y dépister plus facilement.

Les partisans de Dumouriez étaient encore nombreux à Paris puisque Ferrand, agent du prince de Condé, écrivait pendant l'hiver de 1800 : « Bonaparte sera remplacé à bref dé-

1. D'après M. E. DAUDET (*Histoire de l'émigration*), Dangely espionnait probablement Dumouriez pour le compte du gouvernement français, et réussit à lui faire prendre son fils pour secrétaire.

2. Archives des Affaires étrangères. *Correspondance de Hambourg*, v. 115.

lai par Moreau, Dumouriez ou Berthier[1]. »

Une agence de contre-police royaliste fonctionnait à Paris sous la direction de Dupeyron. Il arrivait par exemple à Sieyès d'être filé à la fois par la police et la contre-police; mais celle-ci n'était pas de taille à lutter contre Fouché et finissait toujours par être vaincue.

Peuchet raconte dans ses *Mémoires* comment Merlin de Douai gagna un pari fait avec Barras : il s'agissait de surprendre la confiance de l'abbé de Montesquiou, l'un des chefs des conspirateurs royalistes. L'abbé vit un jour arriver chez lui une belle jeune femme élégamment vêtue; elle se jeta à ses pieds en pleurant et lui raconta son histoire. Appartenant à une famille royaliste et catholique, Amélie de B. avait été accablée par une série de malheurs. Perdant la tête, elle était devenue la maîtresse du directeur de la Police. Elle ne demandait qu'à racheter sa faute en servant la bonne cause. Croyant à son repentir, l'abbé de Montesquiou l'accueillit avec bonté, et l'invita à revenir de temps en temps. Elle lui donna de faux renseignements, le fit bavarder et transmit toute leur conversation à Merlin de Douai. Celui-ci avait gagné son pari dont l'enjeu était un dîner au champagne; un agent de

1. E. Picard, *Bonaparte et Moreau.* Archives du château de Chantilly.

l'abbé de Montesquiou y fut d'ailleurs invité parce qu'il faisait partie à la fois de la police et de la contre-police.

Le bureau royaliste de Londres était dirigé par le comte de la Chapelle. Il se composait de Puisaye, Dumouriez, de Tinseau, de Serest, de Vioménil, de Molleville, de la Châtre, etc. On communiquait par Jersey avec la Normandie et la Bretagne.

Dumouriez payant d'audace, essaya de s'installer à Paris afin de prendre l'initiative d'un coup d'État. Dans ce but il écrivit à Bonaparte une lettre fort correcte contenant l'aveu suivant : « Vous avez fait, citoyen Consul, ce que j'aurais fait moi-même si mes talents et mes moyens me l'eussent permis. » Il concluait en demandant à être jugé sur sa défection de 1793. Bonaparte ne tomba pas dans le piège et ne répondit pas. « Ces deux hommes s'étaient parfaitement compris et ils se vouaient l'un à l'autre une haine qui ne cessa qu'avec le pouvoir de Napoléon [1]. »

S'il faut en croire les rapports de police, Dumouriez était à Paris le 14 juin 1800. Cadet de Gassicourt réussit à faire jaser son valet de chambre (ce n'était pas cette fois le fidèle Bap-

1. MICHAUD, *Biographie universelle.*

tiste). Il apprit que le général avait habité quelques jours rue du Chantre, puis avait déménagé de peur d'être reconnu [1].

Les recherches pour le découvrir restent infructueuses ; l'ordre est donné de surveiller « l'ex-comte de Barbarin et l'ex-chevalier de Courcelles, » soupçonnés d'être complices de Dumouriez.

Quelques mois plus tard le ministre de la Police est averti que le général est logé chez l'ex-prince de Poix, faubourg Saint-Honoré. Le ministre répond : '« Les moyens les plus adroits ont été employés et l'on croit pouvoir affirmer que Dumouriez ne loge pas à l'endroit indiqué. Le prince de Poix a une maison considérable à Saint-Germain-en-Laye. Il serait plus présumable que le général s'y fût réfugié. Les recherches continuent [2]. »

A ce moment la garnison de Paris était réduite à 3.000 hommes [3].

L'appui de Barras était définitivement acquis par l'intermédiaire de Fauche-Borel. Il avait exprimé par écrit son repentir à Louis XVIII, qui, par lettres patentes du 8 mai 1799, lui assu-

1. *Archives nationales*, A F IV 1329. — AULARD, *Paris sous le Consulat*.
2. *Archives nationales*, F⁷ 6420.
3. CHASSIN, *Pacification de l'Ouest*.

rait l'impunité en cas de restauration et une gratification de douze millions comptant ou douze cent mille francs de rentes. Quant à Talleyrand, Lamothe-Langon[1] assure qu'il conspirait en 1797 avec les royalistes ; mais après le 18 brumaire, il ne croyait plus à leur succès.

L'indécision du comte d'Artois fit manquer les projets de Dumouriez ; il quitta son asile mystérieux de Paris et la police perdit sa trace pendant quelque temps.

La légation de France à Hambourg affirme, le 16 mars 1801[2], que Dumouriez « ne tient à la royauté légitime que par une sorte de pudeur...

« Le billet où Paul Ier l'engage à se rappeler le rôle de Monk, existe. Dumouriez l'a fait lire à plusieurs personnes ; quoiqu'il sente que dans les circonstances actuelles une invitation pareille ne ressemblerait qu'à un persiflage, il s'en est servi vis-à-vis de Paul Ier pour s'excuser d'accepter un poste dans son armée... Dumouriez est avant tout ambitieux, mais certainement aussi il est Français ; il parle avec transport de la gloire des armées françaises. »

La police signale en décembre 1802 l'arrivée à Paris de Mme de Barruel-Beauvert : « C'est la plus intrigante comme la plus méchante des

1. *Histoire de la Révolution française.*
2. Archives des Affaires étrangères. Hambourg, v. 116.

femmes. Elle annonce qu'elle ne fait que passer et va rejoindre son amant qui végète à Hambourg ».

Au début de janvier 1803 elle est encore à Paris transmettant aux conspirateurs les instructions de Dumouriez. « On voit très souvent chez Mme Choiseul-Stainville une maîtresse de Dumouriez. Cette femme, ennemie du gouvernement français, disait dernièrement que les Anglais venaient de faire au général des propositions très avantageuses pour l'engager à se rendre de suite à Londres et s'y aboucher avec Pichegru pour un projet fort important[1]. »

Après diverses modifications, ce projet fort important consistait à surprendre Bonaparte au milieu de son escorte, le faire prisonnier et proclamer la monarchie. Dumouriez ne voulait pas laisser à d'autres l'honneur du succès. Au contraire les Chouans, et en particulier Georges Cadoudal, préféraient agir sans lui, de crainte qu'il ne lui prît la fantaisie de devenir premier consul à son tour.

Pendant tout l'hiver, Mme de Barruel-Beauvert annonce son prochain départ de Paris où elle est venue régler simplement une affaire d'intérêt, mais elle continue à conspirer activement. Les

1. *Archives nationales*, F⁷, 3831. — AULARD, *Paris sous le Consulat.*

rapports de police affirment qu'elle « remue ciel et terre pour obtenir la rentrée de l'ex-général Dumouriez. Elle a été éconduite par diverses personnes. On cite particulièrement le sénateur Kellermann. »

Le 31 mars on signale la maison de l'ex-baron de Breteuil comme un des principaux points de réunion des ennemis du gouvernement. On y voit tous les jours un nommé Déneville qui a eu des rapports avec Dumouriez et qui avait en grande partie sa confiance.

Tandis que la police du premier Consul fouille Paris pour découvrir Dumouriez, il est retourné à Londres. On le signale aux espions de Londres, il est reparti pour Hambourg.

Le 9 floréal, le gouverneur de Paris apprend que M. Bardy, agent de Dumouriez, serait disposé à livrer le général à la police ; mais n'ayant aucune confiance en cette offre, il prie le grand juge de faire faire une enquête, et de tâcher de découvrir la retraite du général en faisant suivre Bardy.

L'enquête apprend au gouvernement que Bardy, fils d'un conseiller au parlement de Toulouse, s'est rencontré plusieurs fois à Paris avec Dumouriez et l'a accompagné chez Lubert, banquier étranger. « Le portier et la portière du petit fort Chaumont étant à la poursuite de Bardy l'ont aperçu sous les galeries du Tribunat. Bardy a pris sa course en regardant toujours derrière lui, et est allé chez Guiart, apothicaire rue Saint-Honoré. Il y est resté trois heures, pendant lequel temps une foule d'individus bien vêtus sont venus le voir. Ensuite il est allé rue de l'Université, hôtel des Ministres. Le portier l'ayant suivi, a demandé où Bardy demeurait. On a répondu : « C'est ici au troisième. » Bardy est très fin ; il a choisi l'hôtel des Ministres parce qu'on y a déjà fait des visites, et il aura pensé qu'on n'y reviendra plus [1]. »

Là-dessus toute la police se met en campagne, et l'on constate que loin de se cacher, Bardy fréquente le monde officiel, dîne chez le ministre de l'Intérieur et va continuellement chez son cousin Cambacérès.

Il nous a été impossible de retrouver la suite de l'affaire Bardy.

Mais la même semaine, le sous-préfet de Thionville reçoit une lettre d'une écriture élégante et aristocratique :

Une femme qui ne veut pas se nommer, annonce que Dumouriez voyageant avec quatre personnes, et muni de plusieurs passeports à des noms différents, a dû se rendre à Cattenom [2],

1. *Archives nationales*, F⁷ 6424.
2. Chef-lieu de canton de la Moselle, autrefois fortifié.

chez un ancien garde du corps, ou à Trèves pour s'embarquer dans un bateau chargé de marchandises et se rendre sur le Rhin [1].

Aussitôt une brigade de gendarmerie, accompagnée d'un détachement de la force armée, occupe Cattenom et fouille la maison que l'on soupçonne être désignée par la lettre anonyme. Le préfet de la Moselle annonce que l'on fait des patrouilles sur toute la région de Thionville et de Metz : « La surveillance la plus exacte est exercée sur tous les voyageurs. » Mais les recherches restent infructueuses. Le préfet de Rhin-et-Moselle fait surveiller tout le cours de la Moselle :

« Nous avons placé, écrit-il, des hommes sûrs qui ne laisseront échapper personne, et si Dumouriez prend cette route, il sera certainement arrêté... J'ai fait part au préfet de la Sarre que Dumouriez devait se rendre à Criquenem qui est dans son département. »

Une fois l'attention de la police concentrée dans cette région, le général passe tranquillement par Boulogne ou par Jersey.

A la même époque le futur maréchal Moncey annonce que Dumouriez devait traverser Coblentz ; il a quitté sa voiture à Thionville et pris

1. *Archives nationales*, F⁷ 6424.

une nacelle pour se rendre à Criquenem. Geoffroi, inspecteur des douanes à Coblentz, a reçu une lettre de lui. Un gendarme déguisé est devant le bureau des douanes, Geoffroi est surveillé. Les routes sont gardées et je fais visiter tous les bateaux. »

En marge de cette lettre on lit la note suivante griffonnée par le premier Consul : « Écrire au général Murat qu'un témoin oculaire, bien connu de moi, a vu Dumouriez à Londres il y a eu mercredy huit jours et il a séjourné à Londres deux mois avec lui[1]. »

Quelques semaines plus tard le général et Montjoie passent à Stresum puis à Brunswick, sous les noms de Muller et Grossberg. Ils se séparent à Hambourg ; Muller disparaît, Montjoie se rend à Vienne, après avoir acheté des armes à Hambourg. Le rapport de police du 6 floréal déclare qu'il va « se rendre sur le Rhin avec des instructions et de l'argent pour l'exécution du complot formé à Londres. » Il importait en effet d'être prêt à franchir la frontière si la France n'acceptait pas le renversement du premier Consul.

En février 1803 on arrête quatre Français débarquant la nuit à Cherbourg. L'un d'eux avoue

1. *Archives nationales*, F⁷ 6424.

« qu'ils ont lu dans les papiers anglais qu'il y a en France un fort parti royaliste dans lequel le général Moreau est compris ; que Dumouriez commanderait une expédition à laquelle les princes se trouveraient ; qu'on parlait fort de ce projet dans la société anglaise. Il y a à Offenburg six à sept cents émigrés dont le général Montjoie serait le chef. Dumouriez, Daniceau et d'autres sont en grande activité [1]. »

Ce rapport est le point de départ de la funeste affaire du duc d'Enghien, puisqu'il appelait l'attention sur un rassemblement d'émigrés conspirant à Offenburg.

Au commencement de juin, le général se reposait aux eaux de Doberau (Mecklembourg). Il raconte à sa sœur, l'abbesse de Fervacques, que ces bains sont « les moins chers et les plus agréables de l'Europe. »

« J'ai laissé, dit-il, à Altona ma maison et mes chers livres, au nombre de mille à douze cents volumes, à la garde d'un ci-devant garde du corps qui m'est très attaché depuis trente ans. »

A la fin de l'été, les rapports de police signalent l'influence acquise par Dumouriez sur le comte de Provence et le comte d'Artois :

« Les ci-devant princes ne voient que par

1. *Archives nationales*, F⁷ 3704.

lui et n'écoutent que ses conseils. Dumouriez triomphe et reçoit partout le meilleur accueil. »

Le cabinet noir intercepte vers le 4 octobre une lettre du général au fils de l'ex-marquis de Saint-Georges, lui mandant que l'on s'apprête à porter de grands coups ; « tout va bien et l'on se regarde comme sûr du succès ».

Saint-Georges répond qu'il est aux ordres de Dumouriez et que l'on peut compter sur lui.

La police cherche en vain à en savoir davantage, tout ce qu'elle peut réunir comme renseignements c'est que : « L'expédition du général Moore sera dirigée par un Bourbon et par Dumouriez... Le prince polonais Poninski a fait à un émigré le plus grand éloge du général ; il a confié être à Paris pour un objet aussi secret qu'important... Le général Valence a renoué avec Dumouriez ; il n'est pas toujours circonspect dans ses propos... Les Chouans disent que les Anglais projettent un débarquement en Bretagne. Non seulement les Bourbons doivent être de l'expédition ; mais les troupes seront commandées par Pichegru et Dumouriez[1]. »

Le 24 octobre, chez Mme de Montesson, le général Valence « a fait le plus pompeux éloge de Dumouriez. Il le regarde comme un homme

1. *Bulletins de police* des 10, 12, 22 et 23 octobre.

propre à de grandes choses. M. Mac-Mahon est soupçonné d'être dévoué au parti des princes. »

Les principaux agents de la conspiration étaient alors le comte de Clermont-Gallerande, l'abbé de Montesquiou, MM. Quatremère de Quincy, d'André et Royer-Collard.

Lanjuinais avait proposé sans succès de faire rapporter le décret proscrivant Dumouriez. Mais la correspondance de Hédouville, ambassadeur en Russie, prouve que le général aurait pu rentrer en France en 1802 à l'occasion de l'amnistie. En recommandant à Hédouville une femme ruinée par la Révolution, Dumouriez ajoutait : « Cette femme n'est pas émigrée, d'ailleurs il n'y en a plus. Il ne reste que des exceptés, dont je suis vraisemblablement, ce que je ne cherche pas à rectifier, aimant mieux être un excepté qu'un amnistié. Le vainqueur de Jemmapes doit savoir souffrir une injustice plutôt que de se voir amnistier. »

Hédouville répond, après avoir donné satisfaction à la protégée de Dumouriez : « Je regrette que vous ne voyiez pas sous son vrai point de vue le sénatus-consulte du 6 floréal, puisque vous ne croyez pas devoir en profiter pour rentrer en France où l'on n'a pas oublié vos victoires. »

Le général estimait qu'accepter l'amnistie, c'était se reconnaître coupable. D'ailleurs il se savait perpétuellement poursuivi par la police ; rentré officiellement en France il eût été soigneusement surveillé, tandis qu'allant et venant sous un déguisement, il pouvait travailler au projet d'enlever le premier Consul.

Le retour de Pitt au ministère assurait le général d'un concours plus actif. Il quitta donc définitivement Hambourg en août 1803, pour se fixer à Londres.

Il avait fait en 1800 la connaissance de Nelson qui l'avait jugé à sa juste valeur, et qui déclarait à la cour de Londres voir en Dumouriez le seul homme à opposer à Bonaparte.

Nelson écrivait à lady Hamilton : « Je tiens à vous dire combien je respecte Dumouriez. Il doit avoir beaucoup souffert à Altona... Aucun homme ne peut être soupçonné de fausseté, s'il est réellement bien intentionné, et du fond du cœur, je crois que c'est le cas de Dumouriez... C'est un homme remarquable, bien supérieur à nos généraux. Dites-lui de ne pas se faire d'ennemis en montrant qu'il en sait plus long qu'eux[1]. »

De son côté Dumouriez écrivait plus tard au comte de Serrant[2] : « J'ai vécu ici quelques jours

1. HOLLAND ROSE et BROADLEY, *Dumouriez*, Londres, 1908. (Cet ouvrage n'a pas encore été traduit en français.)
2. Voir appendice X.

intimement avec Nelson... Avec une figure commune c'est une âme d'une trempe héroïque... Nous nous sommes jurés fraternité d'armes comme les anciens chevaliers et nous nous tiendrons parole... »

L'installation définitive du général à Londres donna un regain d'activité à la conspiration connue sous le nom de complot de Georges Cadoudal.

Les royalistes ne pouvaient se mettre d'accord : c'était d'ailleurs l'usage au camp des émigrés. Les agents du comte de Provence, recrutés souvent parmi les anciens constitutionnels, étaient en antagonisme avec ceux du comte d'Artois et du duc de Berry. Ces derniers préconisaient l'intervention étrangère[1]. Les uns et les autres s'entendaient parfois pour dire du mal du duc d'Orléans et de Dumouriez. Ajoutez à cela des rivalités et des jalousies, comme celle qui motiva la publication d'un volume diffamatoire de Puisaye contre d'Avaray. L'auteur ayant sollicité l'approbation de Dumouriez, s'attira une leçon ainsi conçue : « Je regrette de tout mon cœur que les moyens conciliateurs aient manqué, et que le scandale de cette affaire retombe sur des Français[2]. »

1. L. DE LANZAC DE LABORIE, *Paris sous Napoléon.*
2. G. DE CONTADES, *Émigrés et Chouans.*

Les uns s'indignaient de ne pas voir les princes à la tête des Vendéens, les autres leur conseillaient d'attendre une occasion propice pour se porter sur la frontière de l'Est.

Les agents secrets du comte de Provence écrivaient : « Le moyen de faire échouer une descente en Bretagne, c'est de la faire faire par les Anglais. On aura beau y envoyer Pichegru et Dumouriez, tout ce qui se présentera avec la couleur anglaise sera mal reçu [1]. »

Le comte de Sparre estimait que l'offre faite par le comte d'Artois de conduire des troupes étrangères en France, « est une chose qui doit heurter les idées et aigrir les esprits contre les Bourbons. Il semble que la destinée de ces princes ait voulu qu'ils ne cessassent pas d'être bien mal conseillés [2] ».

Les émigrés ne semblent guère s'être aperçus de la duplicité du gouvernement anglais qui, pendant dix ans, leur a donné juste assez d'appui pour entretenir des troubles en France, mais jamais assez pour assurer leur succès [3].

Fox déclarait au Parlement, à propos des Bourbons, que jamais il ne s'intéresserait à une mai-

1. REMÂCLE, *Bonaparte et les Bourbons*.
2. Papiers de Fersen.
3. On ne sait pas assez que les premiers troubles de la Révolution ont été fomentés par l'or anglais.

son qui avait fait tant de mal à l'Angleterre. Chatham estimait que son pays « ne parviendrait jamais à la suprématie des mers et du commerce tant que la dynastie des Bourbons existera[1] ».

Auckland disait que « le vœu de l'Angleterre est de réduire la France à un véritable néant politique[2] ».

Granville confiait au comte Stadion : « Nous donnons à tous les partis français des espérances qui ne nous engagent à rien, pour entretenir et fomenter les troubles intérieurs[3]. »

Les conseils du Gouvernement britannique furent pour beaucoup dans la déplorable inertie des princes, pendant que leurs partisans se faisaient tuer. Ainsi lorsque le comte d'Artois propose le 22 octobre 1803 de combattre avec ses fils contre Napoléon, il se heurte à un refus formel.

Les princes étant au courant du complot de Cadoudal, le premier Consul crut ou feignit de croire qu'ils avaient projeté son assassinat. En réalité un très petit nombre de conjurés admettaient l'hypothèse du meurtre. Pour expliquer leur état d'esprit, il n'est pas inutile de rappeler un bruit probablement inexact, mais auquel on

1. SOREL, l'Europe et la Révolution française.
2. BIRÉ, Journal d'un bourgeois de Paris.
3. ZEISSBERG, Der Herzog Karl.

a ajouté foi dans les milieux de l'émigration :
« Vers la fin de 1802, le colonel Beauvoisin et
le sieur Guillet furent envoyés de Paris à Varsovie pour concerter avec le consul de France
sur les moyens d'empoisonner Louis XVIII et
sa famille[1]. »

Dumouriez et ses amis avaient blâmé l'attentat
de la machine infernale, et répugnaient absolument aux moyens sanguinaires. Ils avaient préparé l'enlèvement du premier Consul et son
transport à Jersey, poussant l'audace jusqu'à
faire faire près de cinq mille uniformes pareils à
ceux de la garde et à les cacher dans la banlieue
de Paris[2].

La troupe imposante des conspirateurs, transformée en armée régulière, aurait suffi à inspirer
le respect et à assurer le changement de régime ;
la garnison de Paris n'était alors que de trois
mille hommes. Mais les conjurés étaient trop
nombreux pour que la police ne fût pas mise en
éveil. Comme en avril 1793, Dumouriez n'agit
pas assez vite.

Pour faire diversion, un mouvement insur-
rectionnel éclate en Vendée à la fin de l'année
1803. Le bruit se répand que les Anglais veu-

1. GOLDSMITH, *Histoire de Napoléon Bonaparte*, Londres,
1814, p. 96.
2. *Archives nationales*, F⁷ 6425.

lent débarquer Dumouriez aux environs de Nantes. L'effroi se répand dans le pays. A Paris règne une sourde inquiétude ; le premier Consul ne dort que d'un œil. Les mots d'ordre et de ralliement ayant été livrés aux conspirateurs par un officier supérieur [1], Napoléon les change deux ou trois fois par nuit. On relève toutes les deux heures les postes gardant son appartement [2].

Beugnot et Lacuée tournent du côté royaliste ; Bernadotte, Augereau et Macdonald donnent leur adhésion [3]. Moreau déclare à Pichegru : « Faites de Bonaparte ce que vous voudrez, mais ne me demandez pas de mettre un Bourbon à sa place [4]. »

Le maréchal Berthier, pressenti par les conspirateurs, ne répond pas à leurs propositions mais ne les dénonce pas [5].

Dans la correspondance des conjurés, Bonaparte est désignée sous le nom d'Éléonore, Moreau est appelé la mariée, et Pichegru Zélie.

L'agence d'espionnage d'Antraigues fut pré-

1. Fr. MASSON, *Napoléon et sa famille*, t. II.
2. MELCHIOR DE VOGÜÉ, le comte d'Antraigues (*Revue des Deux Mondes*, 15 janvier 1893).
3. MARTEL, *Conspiration de Georges*.
4. MARCO SAINT-HILAIRE, *Histoire des conspirations contre Napoléon I*[er].
5. AUGUSTIN THIERRY, *la Conspiration du 12 mars*.

venue trente-six heures d'avance de l'arrestation de Moreau. En lui annonçant cette nouvelle, son correspondant ajoutait : « Le gouvernement ignorera toujours les partisans qui sont dans le ministère, jusqu'au Conseil d'État, et jusque dans le Sénat [1]. »

On a émis l'opinion que Lucien Bonaparte était de ce nombre [2]. Dans tous les cas il est certain qu'il quitta brusquement la France avec sa famille à la nouvelle de l'exécution du duc d'Enghien.

Joseph Bonaparte avait aussi engagé des négociations avec Vernègues, agent du comte de Provence, mais c'était avant le 18 Brumaire [3].

Quant à Joséphine de Beauharnais, il est indiscutable qu'elle négociait en 1801 et 1802 avec les royalistes [4]. Mais Fouché prétend lui avoir donné 1.000 francs par jour pour être tenu au courant de ce qui se passait dans l'entourage du premier Consul [5]. Elle lui aurait ainsi révélé ses négociations avec la duchesse de Guiche. De son côté Napoléon faisait l'agent provocateur

1. SOREL, *Lectures historiques. Une agence d'espionnage sous le Consulat.*

2. YUNG, *Lucien Bonaparte,* t. XI.

3. G. BORD, Bonaparte et Louis XVIII. *Revue de la Révolution,* 1888, p. 202.

4. F. MASSON, *Napoléon et sa famille,* t. I.

5. DE BRÉBISSON, *Fouché,* 1906.

en dictant des lettres destinées à Drake, diplomate anglais, complice de Cadoudal[1].

On sait que la découverte du complot fut due à la remarquable perspicacité du premier Consul. Sur sa demande une loi nouvelle fit revivre les rigueurs du Comité de salut public. « Toute personne donnant asile à Cadoudal, Pichegru et soixante de leurs principaux complices, sera punie de mort. Ceux qui connaissant leur retraite ne la dénonceront pas, seront punis de six ans de fers. »

Voici comment Joseph de Maistre appréciait le projet de Cadoudal :

« On rira beaucoup en Europe de la conjuration de Paris ; c'était cependant une machine bien montée ; hommes, argent, tout était prêt. Bonaparte devait être enlevé vivant et mené de poste en poste jusqu'à la mer et à la flotte anglaise[2]. Un Jacobin a tout perdu en trahissant le secret. »

Les rapports de police, souvent fantaisistes, prétendent, le 15 février 1804, que l'on a découvert « une machine infernale propre à faire sauter les Tuileries. L'arrestation de Georges se con-

1. Thiers, *le Consulat et l'Empire*, t. IV, p. 513.
2. Voir Archives des Affaires étrangères. Angleterre, v. 600. Le Gouvernement est prévenu par ses agents que « c'est à Jersey que les complices de Georges veulent transporter le premier Consul ».

firme. On soupçonne Dumouriez et Pichegru d'être les principaux auteurs du complot. » Bonaparte déclare au Conseil d'État : « Tout ceci est l'ouvrage de l'Angleterre. Cependant je m'étonne qu'elle ait pu entraîner des hommes tels que Pichegru, Dumouriez et Moreau[1]. » Cette phrase est la preuve que contrairement à l'opinion admise, Bonaparte professait de l'estime pour son ennemi Dumouriez.

Moreau fut arrêté le 15 février[2]; ses complices restant insaisissables, le premier Consul donne l'ordre de fermer les barrières de Paris. Pendant les derniers jours du mois, il est permis d'entrer mais non pas de sortir : « On devra fouiller les malles des postes. Deux officiers de marine feront monter quatre nacelles par leur équipage, à la Râpée et aux Bonshommes, et resteront toute la nuit en rivière. »

Au début de mars on continue à chercher Dumouriez sans succès. On soupçonne que « le fameux évêque d'Arras (Conzié) se cache avec lui près de Paris ».

Cadoudal est enfin arrêté le 9 mars. Pichegru était déjà sous les verroux. Le 12, Bonaparte écrit à Soult : « Je vous dirai, pour vous seul,

1. *Mémoires de Miot de Mélilot*, t. III, p. 135.
2. Voir appendice X la lettre où Dumouriez parle de ses anciennes relations avec Moreau.

que j'ai l'espoir de prendre Dumouriez[1]. » En effet, le bruit se répand que le général est arrêté à quarante lieues de Paris[2]. Le lendemain la nouvelle est démentie, mais on confirme que Dumouriez est en France pour travailler à un coup d'État orléaniste. « S'il est arrêté il compromettra beaucoup de monde, même des gens en place. »

Le 14, on continue à être sur le point d'arrêter le général, on surveille toujours Valence qui a conservé des relations avec lui[3]. L'exaspération du premier Consul grandissait contre cet ennemi insaisissable. Dumouriez avait quitté Paris malgré les fermetures des barrières. Tandis que la police poursuit ses investigations, les espions de Londres annoncent que le général, de retour en Angleterre, se met en route pour Berlin. Des renseignements sont demandés dans cette ville, la police apprend que les princes français envoient à Ettenheim M. Desmoutiers. N'y aurait-il pas confusion entre Desmoutiers et Dumouriez ? Enfin un Juif annonce au préfet de Strasbourg que le général Thumery est arrivé auprès du duc d'Enghien ; l'accent allemand fait croire qu'il s'agit de Dumouriez. Pour plus de sûreté, le

1. *Correspondance de Napoléon I*, t. IX.
2. *Archives nationales*, F⁷ 3832.
3. *Bulletins de police* des 13, 14 et 15 mars 1804.

colonel Moncey choisit un sous-officier de gendarmerie intelligent qui affirme avoir connu les princes avant la Révolution ; il l'envoie sous un déguisement à Ettenheim. Le sous-officier confirme la présence de Dumouriez, ce qui était absolument inexact.

Bien mieux, l'*Allgemeine Zeitung* précisait : « Parmi les conjurés qui sont à Ettenheim se trouve certainement le général Dumouriez. » Par une fatale coïncidence le bulletin de police du 14 ventôse signale une prochaine expédition de Dumouriez en France : « Les princes doivent se trouver dans son armée. Il y a à Offenburg six à sept cents émigrés commandés par Montjoie[1]. »

Telle fut selon tous les historiens, la cause de la déplorable méprise de Napoléon. Jamais, à notre connaissance, l'observation n'a été faite que dans l'état-major du duc d'Enghien se trouvait un officier du nom de *Dumoutiez*, comme si tout s'acharnait à compromettre le malheureux prince.

C'est ce Dumoutiez évidemment qui fut confondu avec Dumouriez, et non Thumery.

La police avait donc confirmation du plan découvert depuis quelques jours : le comte d'Artois

1. *Archives nationales*, F⁷ 3704.

17

devait arriver avec Pichegru par la Normandie, et le prince qui devait accompagner Dumouriez en Alsace semblait ne pouvoir être que le duc d'Enghien.

Napoléon entra dans une violente colère[1], reçut fort mal le ministre de la Police, et convoqua sur-le-champ un conseil extraordinaire dont on connaît le résultat[2].

Le 15 mars le premier Consul déclara : « A l'heure qu'il est, le duc d'Enghien et Dumouriez sont en mon pouvoir[3]. » Malgré Lebrun et Cambacérès qui protestèrent contre cette violation du droit des gens, Napoléon donna à Talleyrand l'ordre d'adresser la dépêche suivante au baron d'Edelsheim, ministre de Bade : « Le premier Consul a appris que le duc d'Enghien et le général Dumouriez étaient à Ettenheim. Il n'a pu voir sans une profonde douleur que ce prince auquel il s'est plu à faire ressentir les effets les plus spéciaux de l'amitié de la France, ait donné refuge à ses plus cruels ennemis et les ait laissé tramer paisiblement des conspirations inouïes. Il a cru devoir ordonner à deux petits détachements de se porter à Offenburg et Ettenheim

1. Son emportement était tel, raconte Réal, qu'il ne me laissait pas parler.

2. D'après les *Mémoires de Méneval*, Napoléon donna l'ordre d'arrêter le duc d'Enghien et *surtout Dumouriez*.

3. DESMAREST, *Quinze ans de haute police.*

pour y saisir les instigateurs d'un crime qui, par sa nature, met hors du droit des gens ceux qui sont convaincus y avoir pris part. »

Le baron d'Edelsheim répondit dès le 17 mars : «... A l'heure qu'il est, il vous est déjà connu que la présence du général Dumouriez à Ettenheim était une erreur. »

Le duc d'Enghien avait été prévenu de se tenir sur ses gardes. Mais ne conspirant pas et n'ayant jamais reçu Dumouriez, il ne pouvait croire à une agression de la France dans un pays neutre. Sa principale occupation consistait à faire la cour à la princesse Charlotte de Rohan.

Massias, chargé d'affaires de France à Bade, ayant reçu de violents reproches sur son ignorance, répondit[1] : « On a confondu Dumouriez avec Dumoutiez, aide de camp du duc. Le petit nombre d'émigrés qui se trouvaient à Ettenheim m'étaient si bien connus par leur insuffisance, que j'aurais eu honte de les présenter à Votre Excellence comme des conspirateurs.

« Le duc d'Enghien est un royaliste plein de loyauté, peu fait pour l'intrigue et abhorrant les assassins[2]. »

1. Déjà interrogé plusieurs fois au sujet de Dumouriez, Massias avait répondu qu'à sa connaissance le général n'était jamais venu à Ettenheim.

2. Archives des Affaires étrangères. *Correspondance de Hambourg*, v. 6.

Cette réponse fut connue à Paris le 17 mars suivant les uns, le 18 d'après les *Mémoires* de Savary. Dès lors rien n'excuse la précipitation du jugement du 20 mars, ni l'inhumanité avec laquelle le premier Consul refusa même les secours de la religion au malheureux prince.

L'exécution faite, chacun s'efforça d'en esquiver la responsabilité. La majorité des historiens ayant affirmé que Talleyrand était l'instigateur de l'attentat[1], il n'est pas sans intérêt de rappeler l'appréciation qu'il en donne dans ses *Mémoires :* « Bonaparte profita de cette conspiration dans laquelle il s'était flatté d'envelopper à la fois Dumouriez, Pichegru et Moreau, ses trois rivaux de gloire, pour se faire donner par le Sénat le titre d'empereur. Il monta sur le trône, mais sur un trône souillé du sang de l'innocence, et d'un sang que d'antiques et glorieux souvenirs rendaient cher à la France. »

1. Voir entre autres : MARTEL, *les Écrivains fantaisistes.* Paris, 1837, pp. 138 et suivantes.

CHAPITRE XVI

LA LUTTE CONTRE NAPOLÉON

Dumouriez avait longtemps répugné à l'alliance avec l'étranger; la mort du duc d'Enghien lui enleva ses derniers scrupules. Il fut désormais le premier à conseiller au duc d'Orléans de demander un commandement dans l'armée des alliés.

Les avis de Nelson avaient été suivis : aux appointements de 75.000 francs par an, d'après Chassin, de 37.000 francs d'après Ledieu, Dumouriez devient professeur de stratégie pour les généraux anglais.

A Londres les princes du sang, les plus hauts personnages se le disputent[1].

Lorsqu'il commandait la place de Cherbourg il avait rédigé un projet de descente en Angle-

1. LEDIEU, *le Général Dumouriez.*

terre. En 1804 il rédige un plan de défense de l'Angleterre contre l'invasion française, indiquant les moyens de rendre invulnérables les points les plus exposés. Il y ajoute bientôt les plans de défense de l'Irlande et de l'île de Wight.

Le comte d'Artois n'avait pas vu sans méfiance l'arrivée de Dumouriez à Londres; il ne croyait pas à la sincérité du duc d'Orléans. Il envoya donc un ami de Cadoudal faire parler habilement le général. Cet officier, nommé Brèche, se rendit à la maison de campagne louée par Dumouriez, et s'extasia à haute voix devant les roses qui l'ornaient. — Le général avait la passion des fleurs. — Reconnaissant un Français, l'un des aides de camp engage la conversation avec Brèche, et l'invite à entrer pour mieux voir les rosiers. Dumouriez descend et questionne le visiteur :

— Étiez-vous à Paris avec Georges? C'est une grande perte pour le parti royaliste.

— Irréparable.

— Il reste encore bien des éléments.

— Sans doute, mais qui saura s'en servir?

— Oh! les hommes capables ne manquent pas.

— J'en connais un.

— Quel est-il?

— Vous, général.

— Oh non, j'ai commandé les armées républicaines ; j'en ai porté les couleurs. Jamais les royalistes ne me le pardonneront. Mais il est une autre personne qui conviendrait mieux.

— Qui donc ?

— Le duc d'Orléans.

— Comme vous il a commandé les troupes républicaines ; il a été aux Jacobins.

— C'est vrai, mais on excuse chez un prince ce qu'on n'excuse pas chez un particulier.

— Resterait à savoir si la chose conviendrait au duc d'Orléans et aux royalistes de l'intérieur.

— En ce qui regarde le prince, je puis vous répondre affirmativement. Quant aux royalistes, vous devez être plus éclairé que moi sur ce point.

— Un semblable projet recevrait-il l'approbation de la branche aînée ?

— Ils approuveront ou ils n'approuveront pas, nous n'en marcherons pas moins dans l'intérêt de la cause royaliste[1].

Le comte d'Artois, informé de cette conversation, continua à soupçonner Dumouriez de conspirer en faveur du duc d'Orléans. Cepen-

1. Laurent de l'Ardèche, *la Maison d'Orléans*.

dant en août 1804 il se décide à accompagner le général qui donne rendez-vous à d'Autichamp et Suzannet aux Sables-d'Olonne. Tous les paysans royalistes attendent le signal pour se joindre à eux. Mais une fois de plus le complot est découvert, et le vaisseau qui amenait le prince et Dumouriez ne peut les débarquer.

Navré de cet échec, le général travaille à une coalition européenne contre Napoléon[1].

Les rapports de police annoncent que cinquante mille Russes commandés par lui vont entrer en France. « Il a des intelligences dans toutes les villes, on enrôle des jeunes gens partout. On signale à Nantes l'existence d'une caisse considérable pour payer les déserteurs et les conscrits fuyards. »

M. Fr. Masson racontait récemment une tentative de Dumouriez pour enrôler à ce moment les prisonniers de guerre faits par les Anglais et en former un corps de mercenaires sous les ordres de Merck[2].

Le débarquement projeté n'ayant pu avoir lieu, Dumouriez écrit à Lord Granville en octobre 1804 : « Je n'irai pas à Londres cette semaine à moins que lord C.[3] n'ait besoin de

1. Septembre 1804.
2. *Écho de Paris* du 28 août 1911.
3. Il s'agit du ministre de la Guerre.

moi, mais je continue à lui envoyer mes notes et mes conseils [1]. »

Le mois suivant, le maréchal Moncey transmet au gouvernement français un rapport sur Dumouriez et l'un de ses anciens aides de camp, Deneys, très dévoué aux Bourbons, qui cherche à se procurer des passeports. Le général veut passer en Hollande. Deneys est possesseur d'une perle d'une très grande valeur. Il a l'intention d'aller l'offrir à l'empereur. Il sera accompagné d'un Indien. Tous deux sont porteurs de poignards empoisonnés « à la manière de Java ».

Ce rapport ne semble pas avoir été pris au sérieux.

Au début de 1805 il est convenu avec Pitt que Dumouriez sera général en chef de l'armée qui doit se former au printemps sur le continent [2]. Le ministre de France à Hambourg avise Talleyrand que l'on attend à Cuxhaven le duc de Cambridge et Dumouriez [3].

Mais la jalousie des généraux étrangers et les rivalités des puissances font écarter le vainqueur de Valmy.

1. Archives du ministère de la Guerre de Londres. — HOLLAND ROSE, *Dumouriez.*
2. D'HAUTERIVE, *la Police secrète du premier Empire.*
3. Archives des Affaires étrangères. *Correspondance de Hambourg*, v. 118.

A la fin de l'été, le ministre de la Police écrit à Bourrienne : « Les journaux assurent que Dumouriez est arrivé sur le continent. Je vous prie de prendre des informations et de m'instruire du nom des personnes qui l'ont accompagné et de celles avec lesquelles il se serait mis en relations depuis son arrivée. Ses principaux affidés à Londres sont Montjoie, Saint-Martin, Cotboury et Froment. Cotboury était un collaborateur de Mirabeau. Froment, ancien maire de Nîmes, est en rapports à Hambourg avec l'ex-capitaine de Quinquiry, actuellement marchand de vins[1]. »

Bientôt, la chance paraissant tourner en faveur de Napoléon, les empereurs de Russie et d'Autriche regrettent de s'être opposés à la nomination de Dumouriez comme généralissime, et demandent son secours[2].

Ses soixante-six ans n'ont pas ralenti son activité; il s'embarque aussitôt, traverse l'Europe poursuivi par des émissaires de Napoléon, et arrive trop tard, le lendemain d'Austerlitz.

Jugeant qu'il n'y a plus rien d'utile à faire en Autriche pour l'instant, il part immédiatement pour la Suède, afin d'entraîner ce pays dans la coalition. Le roi Gustave IV lui donne

1. *Archives nationales*, F⁷ 6420.
2. HOLLAND ROSE, *Dumouriez*.

son portrait avec divers souvenirs, et lui promet pour le duc d'Orléans un commandement dans l'armée suédoise. Mais l'Autriche et la Prusse se décidant à traiter avec Napoléon, l'expédition n'a pas lieu. D'ailleurs les ministres suédois sont hostiles aux idées de Dumouriez. Le général finit par retourner à Londres ayant encore échoué et prédit à Pitt le blocus continental.

Le 19 décembre 1805 un bulletin de police [1] raconte les aveux du conspirateur royaliste Gogué : « Un débarquement va avoir lieu prochainement en Normandie sous les ordres du duc d'Orléans et de Dumouriez. » Gogué se figurait obtenir ainsi sa grâce, mais son espoir fut déçu.

La semaine suivante on informe Napoléon que le comte de Provence s'oppose à ce que les princes d'Orléans accompagnent Dumouriez, puis on saisit « un plan très étendu dont le général serait le principal agent [2] ».

En janvier 1806 la police ne perd pas la trace de Dumouriez : En passant à Brunswick il a sa voiture remplie de déclarations de Louis XVIII [2]. Il a déclaré qu'il allait prendre un grand com-

1. *Bulletins de police* publiés par E. d'HAUTERIVE. t. II.
2. *Bulletins de police* des 24, 28 décembre 1805, 14 janvier 1806.

mandement... il a été suivi par un des fils d'Orléans... il était habillé en hussard.

Saint-Martin, aide de camp du général, a acheté deux voitures sous un faux nom. « L'intention de Dumouriez était de voyager incognito, mais la jactance qui lui est naturelle ne le lui a pas permis... Il dit être parti de Londres par ordre du ministère anglais pour aller remplacer Mack; qu'à Stade il avait appris l'arrivée des Français à Vienne, mais que cela ne l'effrayait pas; que dès son arrivée les Français reculeraient aussi vite qu'ils s'étaient avancés... Le lendemain il est parti pour Leipzig d'où il désirait aller à Dresde et de là à Prague[1]. »

La trace de Dumouriez est perdue après son arrivée à Dresde. Le 5 mars seulement un bulletin de police le signale à Prague « très occupé et fort écouté. Ses amis d'Orléans n'ont point encore bougé de chez eux ».

Le mois suivant Dumouriez est à Vienne « préparant de nouvelles entreprises[1] ». Quinze jours plus tard il est à Stralsund; le roi de Suède va lui confier un commandement. « Ses plans sont très vastes et profondément combinés. Le dernier discours de M. Fox ne laisse aucun doute sur leur adoption. »

---

1. *Bulletins de police* des 20, 21 janvier, 4 et 5 mars, 11 et 29 avril.

Pendant deux mois les rapports de police cessent de donner des nouvelles de Dumouriez, mais, en septembre, ils affirment que le général dirige les opérations des Anglais. Lorsqu'il fut question de l'envahissement du Portugal, Dumouriez se proposa pour commander l'expédition en faisant glisser 10.000 livres sterling au duc d'York. Ce prince est obligé d'avoir recours à ces moyens, parce qu'il n'est pas riche : il ne paye sa maîtresse, Mme Clarke, dont les dépenses sont extravagantes, que par des commissions en blanc que cette femme vend à un prix inférieur... Martelli annonce qu'un de ses amis va donner des renseignements sur la correspondance de Dumouriez et des princes[1]. »

Inutile de faire remarquer l'invraisemblance du cadeau de 250.000 francs offert par Dumouriez ruiné à un prince jouissant d'une belle fortune !

En même temps la police saisissait toute une correspondance royaliste[2]. L'un des chefs des conspirateurs affirmait les progrès réalisés par Fauche-Borel : « Dumouriez le seconde, c'est la seule personne à employer, vu son grand crédit. » Le général dans un long mémoire, commençait par établir « la nullité, les vues étroites, l'inertie

1. *Bulletin de police*, 10 septembre 1806.
2. Voir appendice.

des deux princes » ... Quant aux émigrés, ce qui les a fait rentrer ce n'est pas l'amour de la patrie, mais la nostalgie des plaisirs de Paris... Dumouriez « est resté le seul français libre en Europe : il n'a donné ses services à l'Angleterre que pour tirer parti de cette puissance... Il a réussi à faire adopter un plan qui eût laissé aux Français la gloire de fixer eux-mêmes le sort de leur patrie ; il a adressé ce plan à son élève Moreau, mais cet envoi s'est croisé avec l'imprudent voyage et l'arrestation de Pichegru, et est resté depuis enseveli dans le plus profond silence. Ce plan est plus exécutable que jamais : sa base est de renverser le tyran et de purger la France de son infâme séquelle. »

Dumouriez insiste ensuite sur la nécessité de ne pas s'occuper des questions oiseuses ou dangereuses, sur le choix du successeur, ou sur le changement de dynastie. Il ne faut pas, conclut-il, partager la peau de l'ours avant sa mort[1].

Dans une lettre sur la Prusse le général mettait alors ce pays en garde contre l'ambition belliqueuse de Napoléon : « Les conseillers du roi de Prusse lui disent que Bonaparte ne songe pas à l'attaquer ; que son intérêt est au contraire de le ménager et d'en faire son appui au Nord.

1. *Bulletins de police*, 15 et 25 septembre (publiés par E. d'HAUTERIVE).

Rien n'est plus faux : l'intérêt de Bonaparte est de réduire la Prusse au même état de faiblesse que l'Autriche. C'est le but de la paix qu'il négocie avec la Russie et l'Angleterre... Que le roi de Prusse n'attende pas ce moment. »

Ce fut la reine de Prusse qui se mit en correspondance avec Dumouriez et lui demanda un plan de défense. Ce travail, aussitôt expédié fut intercepté par les espions français et remis au ministre Desmarest [1].

Dumouriez le recommença, mais son deuxième envoi arriva seulement au moment de la bataille d'Iéna. Après sa victoire, Napoléon alla coucher au château de Charlottenburg et trouva dans la table de toilette de la reine le plan de Dumouriez. Son ennemi insaisissable se rencontrait toujours sur sa route.

D'Antraigues [2] adjurait alors Canning et le gouvernement anglais d'envoyer le général sur le continent pour diriger la lutte contre Napoléon [3].

1. *Archives nationales*, F⁷ 6468.

2. D'après les *Mémoires de Bourrienne*, le comte d'Antraigues, ancien député de la noblesse en 1789, ne s'appelait pas d'Antraigues et n'appartenait pas à la noblesse; cet aventurier qui a joué un rôle important dans l'émigration, s'appelait Avenel. Il espionnait pour tous les gouvernements et les trompait tous.

3. PINGAUD, *Un agent secret, le comte d'Antraigues*.

C'était le plus cher désir de Dumouriez qui ne cessait de se remuer dans ce but : « Si la nation française, écrivait-il, était libre, elle se prononcerait tout entière contre cet homme qui la met en état de guerre permanente... Il ne faut traiter avec Bonaparte que de concert avec toutes les puissances, et, s'il refuse, faire une coalition européenne. »

Le général insistait en 1806 auprès des cabinets européens pour leur faire comprendre que le moyen le plus sûr pour combattre Napoléon c'était de faire le vide devant lui, en lui oppposant les distances, le climat, la faim et les ruines. Seul l'empereur de Russie sut plus tard mettre ces conseils à profit.

L'inaction imposée au duc d'Orléans suggère alors à Dumouriez l'idée d'un plan de conquête de l'Amérique du Sud : le commandement d'une expédition anglaise serait confié au jeune prince. Mais le ministère britannique ne donna pas suite au projet.

Pendant l'été de 1806 l'agent Martelli signale à Fouché qu'il y a lieu de surveiller l'abbé de Lajarre, « ancien ami de la comtesse de Saint-Martin, maîtresse de Dumouriez ».

Au ministère de la Police on fait observer que le général a soixante-sept ans et vit avec Mme de Barruel-Beauvert ; qu'à son âge il ne doit pas être polygame. Mais on fait rechercher le dossier de Mme de Saint-Martin. D'après le lieutenant de gendarmerie Jabouille, il y a deux comtes de Saint-Martin. « L'un, très dangereux, était il y a quelques mois à Altona. Sa femme vivait avec Dumouriez. Il a disparu ; on le croit à Londres...

« La comtesse de Saint-Martin, fille d'un marchand de vins de Strasbourg, enlevée au début de la Révolution par M. de Saint-Martin, eut diverses aventures, entre autres avec le prince de Metternich, est accouchée d'une fille bossue. L'abbé de Lajarre l'a placée auprès du prince Henri de Prusse. Ce prince avait un double but : donner une dame de compagnie à la princesse, ancienne comédienne de Berlin, et faire de Mme de Saint-Martin sa maîtresse. Elle n'y est pas restée, et est venue échouer chez Dumouriez qui l'a gardée malgré les menaces et les fureurs de Mme de Barruel-Beauvert[1]. »

Mais il ne faut pas toujours ajouter foi aux rapports de police, témoin celui du 29 juillet 1796 qui annonçait gravement la nouvelle suivante : « On dit que le général Bonaparte a suivi l'exemple de Dumouriez et qu'il a déserté avec son armée[2]. »

1. *Archives nationales*, F⁷ 6420.
2. *Archives nationales*, BB⁶. AULARD, *Paris sous le Consulat.*

En réalité Mme de Saint-Martin était la femme d'un des aides de camp de Dumouriez, et c'est pour cela qu'elle habitait sous son toit.

A cette époque et jusqu'en 1808 Fouché ne perd pas la trace du général et le fait filer par ses meilleurs limiers[1]. La police découvre que les lettres adressées aux banquiers Soltera et Martinius, et portant les initiales G. K. sont destinées à Dumouriez. Il en est de même de la correspondance adressée à M. Étienne, 27, rue de Vendôme[2]. Dès lors on peut, grâce au cabinet noir, déjouer tous ses projets ; mais Fouché ne parvient pas à le faire arrêter. Le général se méfie et change d'intermédiaires. Le ministre de la Police écrit à Lavalette : « La correspondance secrète de Dumouriez est adressée sous le couvert de la maison Thornton et Power[3] ». Lavalette répond : « Depuis près de deux ans le nom de Thornton et Power m'a été indiqué, mais je suis convaincu que ce n'est pas à cette adresse qu'il faut s'arrêter. Cependant je vous adresserai toutes les lettres de ces négociants, vous les ferez examiner, et je vous prierai de me les renvoyer de suite. Je crois que les lettres suspectes pour l'étranger n'arrivent que par cas-

1. MADELIN, *Fouché.*
2. *Archives nationales*, F⁷ 6420.
3. *Archives nationales*, F⁷ 6479.

cades. Il est probable même qu'elles ne sont pas confiées à la poste de Paris. »

La sûreté générale signale à Lavalette une correspondance secrète à l'encre blanche entre Paris et Londres par Lubeck. Le ministre croit savoir que la correspondance de Londres avec la Vendée passe par Lisbonne. « Faire surveiller de Blin, ancien aide de camp de Dumouriez, et recueillir le plus de renseignements possible. »

Les agents de Londres dénoncent une correspondance régulière entre l'abbé de Lajarre et Mme de Saint-Martin. Beaucoup de renseignements sur Paris arrivent par ce moyen à Dumouriez. « Cet abbé, d'un caractère intrigant et immoral, a beaucoup d'esprit... il s'est introduit dans les alentours de M. de Talleyrand. »

Au moment où le Gouvernement va se décider à expulser de Paris l'abbé de Lajarre, on apprend qu'il est parti pour le Portugal avec le général Junot.

A la fin de septembre 1806 ses rapports avec Dumouriez sont confirmés, mais la police conseille de ne pas faire d'éclat avant son retour de Lisbonne... Quant à Dumouriez il va retourner sur le continent. [1]

Après le traité de Tilsitt Napoléon aurait pu

1. *Archives nationales*, F⁷ 5479.

consolider ses conquêtes et accorder enfin à la France une paix glorieuse. Mais son ambition insatiable le pousse à chercher querelle successivement à tous les pays. On peut se demander avec M. F. Charmes s'il était égaré par son imagination ou aveuglé par son orgueil [1].

Il fait d'abord envahir le Portugal par Junot, auquel sa qualité d'ambassadeur à Lisbonne aurait dû épargner cette mission. Aussitôt, voulant prouver aux Anglais que la défense du Portugal est facile, Dumouriez fait paraître l'*Histoire des campagnes du maréchal de Schomberg* dans ce pays (de 1662 à 1668).

Puis, au mépris de ses engagements vis-à-vis des Bourbons d'Espagne, Napoléon veut donner leur trône à Joseph Bonaparte. Lorsqu'on lui dit de prendre garde, l'empereur déclare n'avoir rien à craindre d'une nation élevée par des moines [2]. Mais, suivant l'expression du Père Lacordaire, ces guerriers toujours vainqueurs, des Pyramides à la Baltique, reconnurent que cette fois il s'agissait d'une guerre de géants.

Dumouriez comprit la faute que Napoléon allait commettre; il s'occupa activement du plan de défense de l'Espagne et fit adopter le principe de la guerre de guérillas. Canning et

1. Fr. CHARMES, *Études historiques et diplomatiques.*
2. MONTALEMBERT, *Vie du P. Lacordaire.*

Wellington suivirent tous ses conseils et les capitulations de Baylen et Cintra donnèrent bientôt raison à Dumouriez [1].

Une seule de ses recommandations ne fut pas suivie, l'envoi du duc d'Orléans à la frontière basque, où, à la tête d'un corps d'armée espagnol, il aurait appuyé l'insurrection royaliste préparée dans les départements du Midi. « Entre vos mains, écrivait Dumouriez à Wellington, le prince est un instrument dont l'emploi dirigé par votre génie donnera des résultats incalculables. »

Wellington répond favorablement, mais le duc d'Orléans une fois arrivé n'obtient aucun commandement. L'année suivante, devenu gendre du roi de Naples, il fait faire une nouvelle démarche par Dumouriez. Cette fois le conseil de régence espagnol accepte en principe l'épée du prince; mais les généraux témoignent leur mécontentement. Puis, sur l'injonction de l'Angleterre, le gouverneur de Tarragone refuse de remettre le commandement au duc d'Orléans et l'invite à ne pas rester dans la Péninsule. Le ministère anglais avait la crainte de voir ce prince monter sur le trône espagnol.

1. « Wellington s'appropria tous les plans de Dumouriez et en eut tout l'honneur. » BILLAULT DE GERINVILLE, *Histoire de Louis-Philippe*, 1870.

Dumouriez proteste énergiquement, faisant observer à Wellington que si l'on n'avait pas renvoyé le duc d'Orléans, « Tarragone et Tortose n'auraient pas été prises aussi vite, et le prince aurait secondé à l'Est nos plans de l'Ouest... Du reste je suis persuadé que cette faute n'est pas de vous. »

Wellington répondit en rendant hommage aux qualités du duc d'Orléans et rejeta la responsabilité sur les Cortès. « Son entourage lui a fait également le plus grand tort en le désignant comme le futur régent d'Espagne. »

Le frère de Wellington niait aussi la responsabilité de l'Angleterre. « Je vous assure, écrivait-il à Dumouriez, que la faute ne doit pas nous être imputée... Je ne savais même pas que le duc fût à Cadix. Mon frère lui a prédit ce qui est arrivé, et lui a conseillé d'être sur ses gardes... Son entourage indiscret a parlé du bien que ferait à l'Espagne la régence du duc d'Orléans. Les Cortès lui firent dire de s'en aller [1]. »

Après trois mois de démarches et de pérégrinations, Louis-Philippe et Dumouriez se séparèrent sans avoir pu vaincre l'opposition du gouvernement anglais, ni la mauvaise volonté des généraux espagnols. A cette époque, d'après

1. *Despatches of Wellington*, t. X. Voir appendice V.

Billault de Gérinville, Dumouriez avait « tout
le feu du jeune âge dans un corps usé par le
le travail ». Lorsque Napoléon traversa les
Pyrénées pour venir réparer les fautes de ses
généraux, Dumouriez se rembarqua pour la péninsule afin de diriger sur place la stratégie
anglaise.

De l'expédition d'Espagne date le déclin de
la puissance impériale. Ainsi que l'écrivait Wellington à Dumouriez : « Henri IV a fait remarquer que lorsque l'on fait la guerre en Espagne
avec peu de monde, on est battu, et avec beaucoup de monde on meurt de faim. »

Au printemps de 1809, Dumouriez jugea le
moment venu de profiter des difficultés de la
situation pour reprendre son ancien projet d'insurrection vendéenne commandée par le duc
d'Orléans ; la lettre de Charette, datant de quatorze ans, devait être oubliée ; la fusion était
faite depuis neuf ans. Le comte de Provence
donne son approbation ; les chefs des Vendéens
embarrassés se consultent et rédigent la réponse
suivante :

« SIRE,

« Monsieur le duc d'Orléans est le fils du régicide. La Bretagne et la Vendée doivent, dans
l'intérêt même des Bourbons, refuser à celui-ci

ce qu'il nous demande par l'entremise de Dumouriez, son général et son conseil[1]. »

Cette réponse froissa et irrita Dumouriez. En revanche, les préparatifs de la campagne de Russie le réjouirent, car il comprit immédiatement l'imprudence surprenante de son ennemi. « L'empereur Alexandre, écrivit-il, va devenir le vengeur de l'Europe. Enivré par ses succès, Napoléon aura le sort des Attila, des Genséric et de mille autres conquérants plus habiles et peut-être moins injustes que lui. »

Lord Roseberry, dans son *Histoire de Napoléon*, dit, à propos de cette guerre, que « les abus du pouvoir absolu avaient, suivant l'usage, troublé la tête puissante de l'empereur ».

De 1812 à 1814 Dumouriez ne cessa de correspondre avec les ministres anglais, afin de leur suggérer les moyens d'abattre Napoléon.

Au printemps de 1813 il proposait le duc d'Orléans non plus comme général, mais comme simple volontaire dans l'armée destinée à envahir le Béarn. Cette proposition modeste fut encore ajournée.

En même temps le général préparait une insurrection dans l'Ouest de la France. Les rapports de police[2] signalent des conférences chez

1. CRÉTINEAU-JOLY, *Histoire de Louis-Philippe*.
2. Avril 1813.

lord Yarmouth pour préparer un coup de main en France. On cite parmi les chefs du mouvement le prince régent, lord Liverpool, lord Bathurst et Dumouriez.

Un mois après « le général part pour le Hanovre avec son aide de camp, pendant que le prince d'Orange et le duc de Cumberland partent pour Berlin ».

Le 12 août, Dumouriez conspire à Hambourg; un agent secret lui vole une lettre sans adresse demandant un entretien urgent pour le lendemain[1]. Puis le général disparaît et la police perd sa trace.

Dumouriez pressentait alors la ruine prochaine de son illustre ennemi. « Bonaparte et ses lieutenants, écrit-il à Vansittart, chancelier de l'échiquier, commettent de grandes folies[2]. »

Aussitôt l'abdication de l'empereur, Dumouriez se disposa à rentrer enfin en France, persuadé qu'il allait obtenir le bâton de maréchal. « Vous avez vu par la lettre du duc d'York, écrit-il au duc d'Orléans, que l'Angleterre s'attend à me voir nommer maréchal... En supposant que je ne puisse plus supporter les fatigues de la guerre, je pourrais être placé à la Chambre des pairs. »

1. *Archives nationales*, F⁷ 3695.
2. 28 septembre 1813.

Mais la démarche que fit à ce sujet le duc d'Orléans auprès du roi n'eut pas de succès.

Louis XVIII répondit qu'il serait heureux de voir le général rentrer en France, mais « son âge ne lui permettant pas de service actif, le roi ne voit pas comment l'employer. Il lui fera seulement servir la solde de lieutenant général ».

Dumouriez blessé écrivit au duc d'Orléans : « Vous connaissez assez mon caractère, Monseigneur, pour juger que je ne puis accepter cet arrangement. On me déclare invalide et incapable de servir mon roi et mon pays... Le pain que je gagne honorablement en Angleterre me semble préférable à une aumône. »

Dans la suite le maréchal Macdonald devait se heurter à la même opposition lorsqu'il proposa à deux reprises de faire entrer Dumouriez à la Chambre des pairs.

Une fois Napoléon relégué à l'île d'Elbe, Joseph de Maistre estimait que l'Europe pouvait enfin respirer sans crainte. Tel n'était pas l'avis de Dumouriez qui, à plusieurs reprises, signala à l'Angleterre le danger de cette solution. Il écrivait le 10 mars 1814 : « Il est de la plus haute importance pour l'Angleterre de redoubler de vigilance autour de l'île d'Elbe, car toute l'armée française ne demande qu'à replacer le Corse sur le trône. Nous aurons à peine quitté

Paris qu'une révolte militaire sera probable [1]. »

Les événements ne devaient pas tarder à lui donner raison.

Pendant les Cent Jours, la police de Napoléon saisit un plan d'insurrection de l'Ouest rédigé par Dumouriez. Il fut alors question de donner au général le commandement de l'armée royale; les préventions de l'entourage de Louis XVIII cédaient devant le danger de la situation. Dumouriez écrivait plus tard à ce sujet au comte de Sémonville, grand référendaire :

« Vous connaissez ma position à l'égard du roi. Je manquerais à la délicatesse en me jetant dans son chemin. Il me connaît, je suis sûr qu'il m'estime...

« Lorsque le duc d'Angoulême allait se jeter à Bordeaux, il fut tenu un conseil pour décider que je partirais pour commander l'armée royale. Mais les événements se décidèrent très promptement et cette mesure devint inutile...

« Si vous croyez que je puisse être utile au roy ou à ma patrie, dans l'armée ou dans les conseils de la nation, assurez Sa Majesté que je suis tout prêt. S'il ne s'agit que de moi, je ne demande rien [2]. » Quelques jours plus tard, il

1. HOLLAND ROSE, *Dumouriez.*
2. Bibliothèque de Genève. Manuscrits. Collection Coindet, 356.

rappelle à Sémonville qu'il compte sur lui « comme sur un fils chéri. C'est ainsi, dit-il, que je vous regarde et vous aime ».

Mécontent de la froideur de Louis XVIII, Dumouriez songea de nouveau pendant les Cent Jours à mettre le duc d'Orléans sur le trône. Ce prince n'avait pas cessé d'avoir un grand nombre de partisans même après sa soumission au chef de la famille royale. Le général Kilmaine l'avait désigné dès l'année 1797 comme propre à devenir le chef de la république. Un rapport de police de frimaire an XI affirmait que le duc d'Orléans est de tous les princes « le seul adopté par la nation ». En 1804, Berthier déclarait : « Il n'y a que le duc d'Orléans en état de régner dans toute la famille. » Il n'était pas seul en état de régner, mais seul il représentait la monarchie constitutionnelle. Dumouriez se doutant que Fouché n'était pas éloigné de se rallier à son prétendant, se mit en rapports avec le redoutable ministre qui l'avait poursuivi et traqué pendant dix ans. L'entrevue de ces deux hommes dut être curieuse, et il est regrettable de n'en pas retrouver le récit détaillé. On sait seulement que Fouché convint que le retour de l'Empereur ne pouvait être durable. La monarchie constitutionnelle serait, dit-il, une solution capable de rallier la majorité des suffrages après les défaites prochaines de Napoléon [1].

Il envoya donc Bresson offrir la couronne au duc d'Orléans et écrivit à Fauche-Borel :

« Le duc est un moyen de composition entre les extrêmes. Dumouriez l'a rêvé longtemps. L'Empereur succombera inévitablement; la branche aînée n'offre pas de sécurité aux intérêts révolutionnaires. Nous devons donc nous jeter ailleurs. »

Dumouriez insista dans le même sens auprès de Wellington; il avait continué pendant les Cent Jours à lui envoyer des plans de campagne ainsi qu'à Vansittart et à Castlereagh.

Après la deuxième abdication de Napoléon, Wellington écrivit au général : « Je vous félicite très sincèrement des résultats des travaux de nous tous [2]. »

Talleyrand emporta au congrès de Vienne un mémoire de Dumouriez et accepta de prendre la parole en faveur du duc d'Orléans.

L'Empereur de Russie était tout disposé à accepter cette solution, mais le gouvernement anglais s'y opposa. Louis XVIII, instruit de cet incident, ne le pardonna jamais à Dumouriez. Plus tard Napoléon disait à Montholon :

1. MONTHOLON, *Mémoires*. — H. HOUSSAYE, *1815*.
2. *Despatches of Wellington*, t. XII.

« Fouché voulait mettre le duc d'Orléans sur le trône; pour cela il fallait commencer par chasser la branche aînée et il ne le pouvait qu'avec mes partisans. C'est tout le secret du mouvement sur Paris des troupes du comte d'Erlon et de la garde[1]. »

Au moment de Waterloo, Dumouriez avait déconseillé la présence des princes dans les armées alliées. Il disait avec raison : « Le retour de Louis XVIII au milieu des envahisseurs lui sera reproché par toute la France. »

Il fut cause d'un incident entre le roi et le duc d'Orléans : Louis XVIII ayant prié son cousin de venir le rejoindre, celui-ci répondit qu'il serait bien aise de savoir d'abord quel poste lui serait destiné et surtout « si Sa Majesté se propose d'entrer en France avec les étrangers, démarche à laquelle le duc n'est pas disposé[2] ».

1. Montholon, *Captivité de Napoléon Ier*, p. 202.
2. Lettre de Pozzo di Borgo à Nesselrode. Loliée, *Talleyrand*, 1911.

CHAPITRE XVII

LES DERNIÈRES ANNÉES DE DUMOURIEZ

Pendant les Cent Jours, Dumouriez avait uni ses efforts à ceux de Fouché, mais il n'avait pour son allié ni estime ni sympathie. Après la seconde Restauration, il s'étonna du choix du duc d'Otrante comme ministre, et reprocha à Wellington d'en avoir donné le conseil. Celui-ci répondit que sans doute les alliés avaient pesé sur Louis XVIII pour lui faire faire ce choix, et « c'est à ce conseil que le roi doit sa restauration[1] ».

Un certain nombre d'Orléanistes avaient vu avec peine le retour de Louis XVIII et se préparèrent à profiter de ses maladresses pour le remplacer par leur candidat. Tous les mécontents se joignaient à eux. Sur le conseil de Du-

1. *Despatches of Wellington*, 26 sept. 1815.

mouriez, le Prince désavoua ses partisans, et, après une période de froideur, la cordialité reprit entre le roi et le duc d'Orléans.

Aussitôt Louis-Philippe promit à Dumouriez de ne rien oublier pour le faire rentrer en grâce à la cour, mais il n'y réussit pas et le général en fut très froissé. Ainsi qu'il le faisait remarquer à ses amis anglais, les régicides devinrent courtisans, les émigrés furent indemnisés, lui seul ne reçut rien. « Ne voyez-vous pas, écrivait-il au duc d'Orléans, que j'ai sur le front, écrit en lettres de feu, un mot qu'ils ne me pardonneront jamais : *Champagne.*

Vis-à-vis des indifférents il feignait de préférer la retraite et le repos. « Je ne prévois pas, disait-il à M. Fortais, être de sitôt rappelé en France, et je bénis Dieu de ce que ma patrie n'ait besoin ni de mon expérience ni de mon zèle toujours égal pour mon roi et mon pays[1]. »

Après l'assassinat du duc de Berry, justement ému des attaques de quelques courtisans, Louis-Philippe annonce au général qu'il se retire à Neuilly pour vivre dans la retraite. Dumouriez lui répond : « J'ai été fort aise de voir votre lettre datée de Neuilly. La tranquillité d'esprit occasionnée par votre absence de la capitale

---

1. Collection d'autographes du général Rebora.

vous mettra à l'abri d'être compromis dans ce moment de crise [1]. »

Ainsi ces hommes qui avaient tant de fois traversé l'Europe, considéraient Neuilly comme une retraite éloignée de la capitale !

Avant la naissance du comte de Chambord, Dumouriez fait des vœux pour la naissance d'une princesse qui laisse le champ libre à la branche cadette. L'événement ayant déjoué ses espérances, il écrit au duc d'Orléans : « Ma dernière lettre à Decazes est restée sans réponse ; cela dépendait du sexe de l'enfant... Tenez-vous plus tranquille que jamais, et attendez [2]. »

Dumouriez n'avait jamais pris son parti d'être réduit à l'inaction, mais il commençait à s'habituer à l'exil. Il s'était fait en Angleterre des amis très dévoués, le duc de Kent, Canning, le duc d'York. Il recevait de fréquentes visites du duc d'Orléans, du prince de Hesse, du général Foy, de Macdonald, de Garat, etc.

Sa conversation était toujours charmante. Constable écrivait en 1822 à Walter Scott : « Dumouriez est la seule personne que dans mon état de santé j'aie encore du plaisir à voir. » On ne citait qu'un homme dont l'instruction fût supérieure à celle du général, c'était Louis XVIII.

1. CASSAGNAC, *Histoire de la chute du roi Louis-Philippe*.
2. 12 octobre 1820.

Pendant l'émigration tous deux faisaient assaut d'esprit et d'érudition. On ne pouvait commencer devant le comte de Provence un passage d'un auteur quelconque sans qu'il continuât la citation. Un jour à Mittau, Dumouriez chercha un poète latin médiocre et fort peu connu, en apprit quelques vers et les récita au prétendant. Celui-ci continua immédiatement la page. Le général s'avoua vaincu et Louis XVIII fut enchanté[1].

Mme Dumouriez mourut en 1807 et son mari l'apprit en 1814 seulement ! Telle fut la triste fin de ce que M. Welschinger a appelé « le roman de Dumouriez ».

Devenus septuagénaires, le général et Mme de Barruel-Beauvert jugèrent qu'il était trop tard pour réparer leur faute. Il y avait prescription, et d'ailleurs on les croyait mariés depuis longtemps. Mesnard raconte qu'il faisait au commencement de l'Empire de fort bons dîners chez Dumouriez, « ce qui me dédommage, dit-il, des mauvais repas qu'en 1792 il m'a fait faire en Champagne. Il habite une petite maison de campagne près de Londres. Sa femme et son aide de camp sont auprès de lui ».

Il semble que dans la suite la grande affec-

1. *Souvenirs du comte de Mesnard.* Paris, 1844.

tion du général et de Mme de Barruel-Beauvert se refroidit, puisque celle-ci habitait Paris au moment de la mort de Dumouriez.

D'après les rapports de la police de Fouché, elle était extrêmement jalouse de Mme de Saint-Martin. Elle s'était procuré une correspondance amoureuse de cette dame pour la faire lire à Dumouriez[1]. Mais elle ne réussit pas à brouiller Mme de Saint-Martin avec le général. Peut-être cette jalousie fut-elle le motif du départ de Mme de Barruel-Beauvert.

M. de Saint-Martin, que Wellington[2] déclarait « un homme bien intéressant », ne voyait d'ailleurs aucun mal à l'affection de sa femme pour le général octogénaire.

L'âge ne porta pas atteinte à la belle intelligence de Dumouriez. Jusqu'à quatre-vingt-quatre ans, il conserva l'habitude de se lever tous les matins à six heures et demie pour lire et écrire. En 1816 il disait à la marquise de Forbin : « J'ai toujours la même santé, je lis sans lunettes j'écris beaucoup et je cultive mon jardin. »

En 1818 il lui adressait des vers.

Il écrivait à l'un de ses amis de Paris : « J'aurais bien désiré que vous fussiez venu vous-même juger l'ermite que vous louez sur parole, mais je

1. *Archives nationales*, F⁷ 6479.
2. *Despatches of Wellington*, t. XII.

ne veux pas être indiscret en vous sollicitant, vous liriez une page de l'histoire ancienne.

« …Dites à Mme de Verthamy que je suis bien fâché de ne pouvoir l'aimer que de loin. La faute en est aux dieux [1]. »

Sa sœur, l'abbesse de Fervacques, sortie de prison au 9 Thermidor, se trouva ruinée par la la Révolution. Elle accepta sous le Consulat l'hospitalité de M. et Mme de Devise au château de Salency [2], et elle y resta jusqu'à sa mort survenue en 1821. A cette occasion le général exprima à M. de Devise sa profonde reconnaissance pour l'affection et les soins prodigués à la vénérable abbesse : « Depuis ma première enfance elle a été pour moi une mère, une protectrice et une amie. Je n'aurai vraisemblablement pas longtemps à la regretter et l'espoir de la suivre bientôt est une consolation [3]. »

Cependant l'année précédente il parlait encore à Garat de « sa jeune vieillesse », tout en exprimant le regret que son grand âge ne lui permette pas de faire le projet de revoir Paris et la France :

« Le tableau du passé, dit-il, m'attristerait

1. Bibliothèque de Genève. Manuscrits. Collection Coindet.
2. Près de Noyon.
3. *Archives du château de Salency.* Cette propriété appartient encore à la famille de Devise qui possède un beau portrait de Dumouriez.

encore. Celui du présent ne me consolerait pas… Je n'attends pas des hommes la récompense du peu de bien que j'ai fait…

« Faites de même, portez-vous bien, ne vous affligez jamais, riez quelquefois et aimez toujours votre vieux ami Dumouriez[1]. »

Les infirmités commençaient à se faire sentir : Dumouriez était forcé de recourir à la plume de son secrétaire parce que des rhumatismes lui enlevaient l'usage de son bras droit. La mort du prince de Hesse ne fut pas seulement une tristesse pour le général; elle le priva de l'une des pensions qu'il touchait. On lui a fait un grief d'avoir alors sollicité l'aide pécuniaire du duc d'Orléans. En réalité il ne demanda rien. Il avoua seulement au prince qu'il était un peu gêné. Louis-Philippe avait une magnifique fortune; il n'y a donc là rien de choquant lorsque l'on connaît la grande intimité qui les unissait.

MM. Guy de Cassagnac et Gustave Hue ont publié récemment[2] les dernières lettres échangées entre les deux amis. Elles montrent combien les rapports du prince et du général étaient affectueux. Ainsi en 1821 Dumouriez écrivait :

« Les détails que vous me donnez sur le cher

1. Collection d'autographes du marquis de Flers.
2. Les dernières années de Dumouriez (*Correspondant* du 25 septembre 1910).

Ferdinand[1] sont très satisfaisants. Ce petit voyage ne peut que faire du bien à votre excellente Amélie... On recommande l'exercice dans son état et je suis persuadé qu'à son retour elle augmentera votre pléiade d'une constellation de plus[2].

« ... Vous ne m'avez pas parlé du prince Léopold[3] que j'aime beaucoup et dont j'aurai des nouvelles par sa sœur... Je ne peux plus tenir la plume, mais le cœur et la tête restent toujours les mêmes. » Dumouriez entretenait aussi une correspondance active avec le roi et le prince régent de Naples, beau-père et beau-frère du duc d'Orléans.

La mort du duc de Kent, son voisin de campagne, causa au général une profonde douleur. Cette disparition le décida à quitter Little Ealing pour s'installer à Turville Park[4].

En 1822 il rédigeait pour Louis-Philippe une relation de la bataille de Neerwinde. Au début de 1823 il proteste contre les préparatifs de l'expédition d'Espagne, puis il suggère de placer le duc d'Orléans sur le trône de ce pays. La politique l'occupe toujours autant. La dernière lettre

1. Père du comte de Paris.
2. Naissance du duc d'Aumale.
3. Futur roi des Belges.
4. A treize milles de Londres.

qu'il ait écrite se termine ainsi : « Je serai content de mon sort si je sais que les Français sont heureux. »

Au mois de mars une bronchite l'obligea à s'aliter. Le duc d'Orléans, alors à Paris, réunit les principaux médecins de la capitale et envoya à son ami le résultat de la consultation. Mais le grand âge de Dumouriez l'empêcha de triompher de la maladie. L'étude et les réflexions avaient rendu au général la foi de ses premières années[1]. Il demanda les secours de la religion et s'éteignit doucement, soigné par M. et Mme de Saint-Martin et son secrétaire, M. Ledieu.

Ses funérailles attirèrent une foule immense. L'église de Henley[2] étant protestante, les ministres des deux cultes parlèrent successivement et unirent leurs prières. Une inscription fort louangeuse fut gravée dans cette église.

Mme de Barruel-Beauvert ne survécut pas longtemps à l'homme qui avait joué un si grand rôle dans sa vie : Elle mourut l'année suivante, pauvre et à peu près abandonnée, dans une maison meublée de la rue des Quatre-Vents. Pendant l'émigration elle avait un jour prêté de

1. Déjà sous l'Empire il se remuait pour faire proposer la béatification de Louis XVI et la rentrée des Jésuites en France.

2. Turville Park dépendait de la paroisse de Henley.

l'argent au duc d'Orléans. En souvenir de ce service, le prince lui faisait une très modeste pension de cinq cents francs.

La mort du général semble avoir passé presque inaperçue en France, où il commençait déjà à être oublié. Pourtant Dumouriez n'était pas seulement un diplomate et un soldat, mais encore un écrivain de valeur. Il adressa d'abord d'innombrables rapports[1] aux différents gouvernements qui se sont succédé de 1760 à 1820. Sa volumineuse correspondance « respire partout un patriotisme ardent et clairvoyant, une égale haine du despotisme et de l'anarchie[2] ».

On ne connaît plus guère de Dumouriez que ses *Mémoires*[3], car un grand nombre de ses écrits ont disparu pendant la tourmente révolutionnaire. Citons entre autres des essais sur le Portugal, l'Espagne, des leçons de géographie, d'histoire et de philosophie, écrites pour Mlle Marquet, de nombreux ouvrages militaires, un essai sur les voyages, une foule de traductions parmi lesquelles nous indiquerons les Fragments sur Paris par Mayer, *Vita di Benve-*

1. La Bibliothèque Mazarine possède un volume de *Mémoires* sur la Pologne et un volume de *Réflexions militaires, projets et plans de guerre ou de politique* (manuscrits, cotes 3749 et 1899).

2. *Mémoires de Meillan.*

3. Réédités dans la collection Berville.

nuto Cellini, un ouvrage allemand sur les généraux de Charles XII, une traduction en vers d'un poème de Nicolo Carteromaio, etc.

Son ouvrage sur la défense de l'Angleterre a été récemment édité à Londres.

Dumouriez parlait couramment l'anglais, l'italien, l'allemand et l'espagnol. A quatre-vingt-deux ans il rédigeait encore un plan d'organisation de l'armée italienne contre l'Autriche, et l'année suivante il écrivait des mémoires pour la Grèce.

Son *Jugement sur Bonaparte*[1], d'une sévérité exagérée, est fort curieux; en voici la conclusion : « Si l'on juge Bonaparte par ses succès, c'est un grand homme. Si l'on dépouille de ses succès ce qui appartient à la fortune, c'est un aventurier heureux dont toute la conduite militaire et politique est désordonnée et téméraire... Tout a réussi à son audace, parce que le continent était mûr pour la révolution qu'il y a opérée. »

Le *Tableau spéculatif de l'Europe* fit beaucoup de bruit en 1798[2]. Il contient une série de prophéties qui se sont réalisées avec une exac-

1. Annexé à la nouvelle édition des mémoires de Dumouriez.

2. Déjà, sous Louis XV, Dumouriez avait écrit une brochure portant le même titre. Nous en donnons des extraits dans l'appendice D.

titude vraiment extraordinaire au cours du dix-
neuvième siècle. Ainsi Dumouriez prédit l'ac-
croissement de la Prusse, l'indépendance de la
Grèce, la Révolution d'Espagne. « La Prusse,
dit-il, après avoir battu l'Autriche, aura la suprématie en Allemagne. Son ennemi le plus
redoutable sera la démocratie, et le salut du roi
de Prusse sera dans une guerre contre la
France.

« La Vénétie sera une source de guerres entre
l'Autriche et l'Italie. L'Autriche anéantira la
république cisalpine, ou Venise sera réunie à
l'Italie.

« Les Albanais et les Macédoniens se révolte-
ront contre l'Empereur ottoman. Le commerce
anglais sera ruiné dans le Levant jusqu'à ce
que les Grecs aient relégué les Turcs en Asie.

« L'Angleterre prendra pied dans les îles de
l'Asie Mineure. La Russie ne pourra dominer
sur le Bosphore à cause de l'opposition de l'Autriche. L'une exercera son influence sur la
Moldo-Valachie et la Bulgarie, l'autre sur la
Bosnie et la Serbie.

« Le sort du Portugal dépend de celui de
l'Angleterre...

« Les Français se lasseront d'être le fléau des
autres peuples... Un juge demandait à un vo-
leur pourquoi il volait. Il répondit qu'ayant dis-

sipé une grande fortune, il ne pouvait plus vivre sans voler. Il fut pendu. Cet apologue est pour le Directoire et pour lui seul. »

Après la mort de Dumouriez, sa mémoire fut attaquée par tous les partis, sans qu'une seule preuve ait été fournie de la plupart des accusations formulées contre lui.

Ainsi Clermont Gallerande, après l'avoir traité dans ses mémoires d'homme sans mœurs et sans principes, rend justice à son honnêteté[1].

Nous avons dit qu'à son départ du ministère, Dumouriez avait restitué cinq millions et demi sur les six millions de fonds secrets qui lui avaient été confiés. Il aurait eu une autre occasion de s'enrichir s'il avait été indélicat : il n'avait qu'à suivre l'exemple des commissaires de la Convention pendant la campagne de Belgique. Au contraire il fit restituer aux Belges tout ce qui avait été pillé et confisqué.

Le gouvernement français cherchant en mars 1793 un prétexte pour arrêter le général, avait demandé un rapport à ses agents secrets. En voici le résumé : « Dumouriez mal entouré, assiégé d'intrigues, ne veut point entendre la vérité... et suit des errements de plus en plus

---

1. *Mémoires de Clermont-Gallerande*, t. III, p. 448.

mauvais... Il veut s'emparer de la dictature... Il a rétabli le calme en Belgique... Quoique arbitraires et illégales, ses mesures ont sauvé les Français prêts à être égorgés [1]. »

Un autre rapport déclarait que Dumouriez « traînait à sa suite des maîtresses, des chanteuses, des comédiennes, et son quartier avait beaucoup de ressemblance au harem d'un vizir [2] ».

Voilà tout ce que l'on put articuler contre Dumouriez !

Nous avons établi également la fausseté de la légende faisant du général un agent de Philippe-Égalité.

Les étrangers, jugeant à l'écart de tout esprit de parti, ont mieux que les Français rendu justice aux qualités et aux talents du vainqueur de Valmy. Bulow (officier prussien) le critique, il est vrai, dans une certaine mesure : « Dumouriez possède des connaissances très variées et très étendues; il a de l'imagination, du feu, beaucoup d'esprit, mais point de caractère. En

1. *Archives nationales*, F E 30.

2. Rapport de Poultier au comité de Salut public, 24-30 mars 1793. (*Carnet de la Sabretache*, janvier 1913). Ces mœurs étaient fréquentes dans les armées puisque Carnot faisait en même temps observer « qu'à Douai, où la garnison est réduite à 350 hommes, il y a près de 3.000 femmes dans les casernes ».

un mot, jamais Français ne fut plus Français que lui[1]. »

Mais le major Von Boguslawski estime « qu'aucun autre général n'aurait aussi bien réussi que Dumouriez en 1792. Les Français l'ont trop vite oublié ».

Walter Scott explique que Dumouriez, soldat plein d'honneur et de franchise, n'éprouva que mépris et que haine pour la bassesse, la cruauté et le cynisme des Jacobins[2].

Holland Rose déclare que « la conception populaire de Dumouriez traître est absolument injuste. On devrait au contraire le considérer comme un patriote éclairé et un profond penseur ».

Chateaubriand, qui avait combattu contre lui à Valmy, termine ainsi un parallèle entre Miltiade et Dumouriez : « De petites formes, de petits traits cachent cependant dans M. Dumouriez des talents peu ordinaires. On lui a fait un crime de la versatilité de ses principes. Supposé que ce reproche fût vrai, aurait-il été plus coupable que le reste de son siècle ?...

« Miltiade et Dumouriez ayant éprouvé quelques revers, furent soupçonnés de royalisme. Le premier expira dans les fers, le second

1. *Esprit du système de guerre moderne*, 1801.
2. *Histoire de Napoléon*, t. I, p. 358.

n'échappa à la mort que par la fuite[1]. »

S'il est une page que l'on voudrait effacer de la vie de Dumouriez, c'est le récit de ses efforts contre les armées de Napoléon Ier. Mais on ne peut s'empêcher de reconnaître une certaine grandeur à ce duel qui se termine en 1815 seulement : D'un côté le jeune Empereur dans tout l'éclat de sa gloire et de sa puissance. De l'autre côté un proscrit septuagénaire qui risque sans cesse la mort, vient jusqu'à Paris braver son terrible ennemi, et ne se repose qu'après l'avoir abattu.

En somme il ne faut pas être trop sévère pour les fautes du vainqueur de Jemmapes, de l'homme qui a créé le port de Cherbourg, repoussé l'invasion prussienne, et que ses adversaires eux-mêmes[2] comparaient à Turenne et à Condé.

1. *Essai sur les révolutions*, t. II, p. 11.
2. *Archives nationales*, F⁷ 4690. Correspondance du ministre des Affaires étrangères.

APPENDICE

A

PORTRAIT DE STANISLAS PONIATOWSKI,
ROI DE POLOGNE

par Dumouriez.

Stanislas-Auguste Poniatowsky, joignant beaucoup d'esprit à une belle figure, très éloquent, très adroit, peu délicat sur les moyens de faire fortune, eut le bonheur de plaire à Catherine II dans un voyage qu'il fit à Pétersbourg... Lorsque le trône de Pologne vint à vaquer en 1764, Catherine dont l'inclination se trouvait d'accord avec le système de son ministère, voulut orner son favori d'une couronne...

J'ai vu ce Roy esclave jouir à Varsovie d'une existence avilie, dans les fers d'un ministre russe plus puissant que lui; ce Roy, ou plutôt ce fantôme de Roy persiflant sa nation, vivant avec de vils histrions, des musiciens, des actrices, intriguant dans les cours voisines pour conserver sa royauté méprisée, haï des Polonais qui ont eu la lâcheté d'ajouter à leurs autres crimes un attentat inutile sur sa personne...

PORTRAIT DU PRINCE RADZIWILL

Le prince Radziwill est borné et ignorant mais fort honnête homme et de bonne volonté ; il s'enivrait autrefois tous les jours et commettait dans cet état les plus violents excès ; il avait tué plus de quarante hommes de sa main et on le fuyait comme un monstre.

Depuis un an il s'est corrigé et ne boit plus que de l'eau. C'est le plus grand seigneur de la Pologne et peut-être du Nord, descendant des Jagellons. Il est très magnifique, il nourrit la moitié de la Confédération et ne fait que des ingrats.

Il est faible, facile à gouverner, mais en général il suivra les volontés de la France. Son nom entraîne les Lithuaniens qui tous vivent de ses dons et dépendent de lui [1].

1. Bibliothèque Mazarine (manuscrits). *Rapports et Mémoires sur la Pologne*, par DUMOURIEZ. Cote 1899.

B

PORTRAIT DU DUC DE CHOISEUL
par Dumouriez.

Ce ministre avait une pénétration et une justesse merveilleuses. Cette facilité pour le travail le rendait quelquefois trop léger. Il était très bon et point du tout vindicatif. Il était trop complaisant pour ses entours, surtout pour sa sœur... Il était très dépensier. Pour le flatter on avait placé sur des tabatières le portrait de Sully en regard avec le sien. Mlle Arnould, célèbre chanteuse de l'Opéra ayant dit fort plaisamment que c'étaient la recette et la dépense, il la fit venir pour rire avec elle de cette saillie mordante.

Il combla de bienfaits Delille qui avait fait les fameux couplets nommés les Noëls de la cour, où il était très maltraité. Enfin ses vertus, son esprit, ses défauts, ses vices même, tout était aimable.

C

LETTRE DE FAVIER A DUMOURIEZ
29 juin 1773.

*(Archives du marquis de Chabrillan.
Papiers du duc d'Aiguillon).*

...Le petit diable va s'établir à peu près chez M. de
Voltaire. Il prétend que c'est une invitation du châ-
telain de Ferney. Je le crois; il est seigneur de paroisse et il a la manie des titres. Mais cela ne durera
pas... Tout ce bel engouement finira par du ridicule...

Ta lettre au petit diable est d'une gaieté, d'une
folie qui vaut mieux que toutes les phrases de Do-
rante.

Le Marquis Voisin passera l'été dans ses terres...
Nous attendrons son retour et celui de la beauté
qui l'enchaînait, si elle revient, car elle est allée aux
eaux et l'on dit que la chaîne est rompue...

D

TABLEAU SPÉCULATIF DE L'EUROPE [1].
1773

Autriche. — La cour de Vienne est partagée en deux factions : la vieille cour, attachée à l'Impératrice, composée de tous les ministres, a pour chef le prince de Kaunitz... L'Impératrice, jalouse de son autorité, n'a rien cédé à son fils. La tranquillité de l'Europe repose sur cette tête respectable... La jeune cour est composée de l'Empereur, du maréchal de Lasci et de tous les militaires. Ce prince, âgé de 31 ans, abhorre Vienne où il est en tutelle ; il voyage par inquiétude, son caractère est actif et avide de gloire. Il déteste les Français, il est enthousiaste du roi de Prusse dont il craint les sarcasmes, le génie et la puissance... Ayant des projets vagues de conquête, il a pu espérer que le partage de la Pologne lui ouvrirait une nouvelle carrière, lui donnerait de l'argent, le mettrait à la tête de l'armée...

Belgrade et la Servie que l'Autriche gagnera peut-

1. Cette brochure inédite se trouve à la bibliothèque Mazarine. *Réflexions politiques et militaires de Dumouriez* (manuscrits, cote 3749). Il ne faut pas la confondre avec le *Tableau spéculatif de l'Europe en 1794.*

être à la paix prochaine, ne lui font qu'un arrondissement sans profit qui ne remplit pas son but.

Deux autres objets se présentent à elle :

1º La Lorraine et l'Alsace à reprendre sur la France.

2º L'Italie à envahir...

Allemagne. — Le corps germanique ne peut pas se sauver : il sera absorbé par les deux puissances qui partageront l'empire en Allemagne... Quatre maisons auront le déplorable honneur de figurer dans son démembrement, celle de Brunswick, celle de Hesse, celle des Deux-Ponts dans laquelle vont fondre celle de Bavière et celle de Neubourg, et celle de Saxe...

France... — Comment la France ne sent-elle pas qu'elle n'a pas de milieu entre être respectée ou être asservie ? Comment une aussi grande puissance est-elle absorbée par le luxe et les idées financières lorsque l'Europe entière est toute guerrière ? L'inaction de la France invite à l'attaquer. Ce n'est qu'en se préparant et se montrant armée qu'elle peut conserver la paix, car la déclaration de ses intentions pacifiques n'est qu'une amorce de plus pour les voisins qui convoitent ses frontières. L'inaction de la France, l'épuisement de ses finances, l'intérêt de la maison d'Autriche, l'inclination de l'Empereur... tout invitera l'Allemagne à fondre sur la France et à l'accabler si elle ne fait des dispositions pour sa propre sûreté en reprenant ses droits de première puissance de l'Europe et en étant le soutien de l'équilibre qu'elle seule peut rétablir à la suite de la guerre générale qu'on peut regarder comme inévitable, d'autant plus dangereuse qu'elle aura été plus éloignée et plus longtemps suspendue par des palliatifs...

La Prusse est pour la France une alliée de convenance et non pas la Russie qui est trop loin, encore moins l'Autriche qui est trop près...

Il faut chercher à émouvoir les Suisses. Il faut faire l'alliance la plus étroite avec le roi de Sardaigne pour couvrir l'Italie, lui donner l'espoir du royaume de Lombardie. Il faut armer le roi de Naples, tenir les Espagnols prêts à marcher en Italie, s'assurer de Gênes, Parme, Mantoue, Ferrare, tenir en Flandre un corps de troupes menaçant, négocier avec la Hollande et Venise, avec l'Angleterre même...

Turquie. — L'Empire ottoman ne peut plus être compté comme une puissance. Divisé, avili, épuisé, renfermant dans son sein le fanatisme d'une religion ennemie que professent les trois cinquièmes de ses ndividus, ne pouvant espérer de la Russie qu'une paix qui lui enlève la Moldavie, la Valachie, la petite Tartarie, la Crimée, l'empire de la mer Noire ; trompé par la cour de Vienne qui lui a enlevé en 1772 quatre millions de florins sous prétexte de lui procurer la paix, il ne peut plus attendre que sa chute à la rupture de cette paix ou plutôt de cette trève. Alors le levain de la révolte qui aura fermenté dans les Grecs, les Égyptiens, les Barbaresques, les provinces de l'Asie, amènera une dissolution prompte et universelle...

La catastrophe de l'Empire turc ne peut être retardée que par la maison d'Autriche dont l'intérêt topographique est en opposition évidente de ce côté avec l'intérêt de convenance de la Russie...

Prusse. — La Prusse n'est plus un État morcelé, composé de provinces séparées et ouvertes... L'augmentation de ses moyens ouvre une nouvelle carrière à son activité... Des conquêtes faciles s'offrent d'elles-mêmes et rien ne peut l'arrêter... Ce pays a été le moteur du partage de la Pologne... celui de la Suède est du même intérêt pour la Prusse, et il forcera encore plus aisément le roy de Danemark à y accéder qu'il a obligé la cour de Vienne à prendre part au traité de Berlin...

Le roy de Prusse doit faire céder par un traité spécial avec la Russie tous les droits de la maison d'Holstein régnante en Russie sur le Duché de Schleswig et d'Holstein. Si la maison de Brunswick, régnant en Angleterre, veut s'opposer au partage de la Suède, le roy de Prusse s'emparera aussitôt du Mecklembourg, de Brême et Ferden. Maître de Stade, il ne craindra pas que les Anglais viennent secourir l'électorat de Hanovre qui, pressé entre lui et les Hessois, payera les frais de la guerre.

Alors le roy de Prusse maître de tout le Nord de l'Allemagne, depuis les frontières de la Hollande jusqu'à la Livonie, défendra facilement cette immense étendue, parce qu'elle ne pourra être attaquée fortement en aucun point...

Angleterre. — Nous sommes si accoutumés à distinguer ce roy d'avec sa nation, leurs intérêts sont si souvent en opposition, que le roy de Prusse n'a rien à craindre des Anglais dans tous les projets d'envahissement ou de partage qu'il peut tenter. Il ne faut considérer relativement au Nord la puissance anglaise que comme commerçante...

Toute alliance entre la France et l'Angleterre ne peut être que précaire, pleine de soupçons et de mauvaise foy, et toute guerre qu'elles auraient commencée ensemble ne finirait pas sans qu'on les vît armer l'une contre l'autre. Le véritable intérêt de l'Angleterre est tourné vers les deux Indes, contre la France et l'Espagne ; celui du Nord est de second ordre.

Russie. — La cour de Pétersbourg depuis le commencement du siècle a toujours tirannisé ses voisins par son autorité politique, son argent, ses menaces et quelquefois ses troupes...

Si d'un côté les succès de la Russie contre les Turcs ont augmenté sa puissance et lui ouvrent une vaste carrière pour les projets de conquête dans le plus beau, le plus riche empire de l'Europe ; de l'autre les avantages que lui a apportés le traité de Berlin, la jonction de ses États du Nord de l'Asie avec ceux du Nord de l'Europe et l'emplacement de la cour à Pétersbourg doivent lui faire préférer la réalité de son établissement actuel à la chimère possible du rétablissement de l'Empire de Constantinople...

Ce n'est qu'après avoir partagé la moitié du golfe de Bothnie, maîtresse absolue de la Finlande, et après avoir établi l'anarchie en Suède, qu'elle peut se livrer à des projets d'agrandissement méridional... »

D 2

Mme de La Tour du Pin, dont les *Mémoires* viennent d'être publiés, ayant émis l'opinion que Dumouriez désirait la mort de Louis XVI, nous extrayons les lignes suivantes du volume tout récemment paru de M. Seligman : *La Justice en France pendant la Révolution* :

« Dumouriez fit, pour décider les chefs de la Montagne à épargner la vie du roi, des efforts dont Drouet a rendu témoignage à la tribune le 13 juin 1793.

« Les démarches de Dumouriez produisirent un effet inverse de celui qu'il désirait. Convaincus que le général en chef songeait à rétablir la royauté, les Montagnards s'affermirent dans la résolution de lui en ôter les moyens [1]. »

1. P. 439.

E

RAPPORTS DU BARON DE LA HOUZE

*(Archives des Affaires étrangères.
Correspondance politique Hambourg*, v. 99.)

« 7 *juin* 1773. — … M. Dumouriez m'a été présenté
par M. de Lesseps, a dîné hier chez moi et m'a paru
aussi aimable qu'instruit…

« 13 *août*. — … Je vous envoie une esquisse de la
situation actuelle des Russes que M. Dumouriez m'a
remise pour en faire l'usage que je jugerais à propos
par suite de son zèle ardent pour le service du roi…

« 16 *août*. — … Il faut que le général de Romanzow
ait des notions du peu de confiance que sa souve-
raine a dans ses talents militaires, puisque M. Guibert mande de Vienne à M. Dumouriez que Romanzow a écrit à l'Impératrice qu'il n'est plus possible
pour cette année de faire aucune opération…

NOTES SUR LA BASTILLE

Pendant son séjour à la Bastille, Dumouriez ayant démoli le plafond de la chambre située au-dessous de lui, « vit un homme d'environ cinquante ans, nu comme la main, avec une barbe grise très longue, des cheveux hérissés, qui, hurlant comme un enragé, lui lançait par le trou les gravois qu'il avait fait tomber. Il voulut parler à ce malheureux ; il était fou. Il a su depuis qu'il se nommait Eustache Farcy, capitaine au régiment de Piémont, enfermé pour avoir fait une chanson contre la Pompadour ».

A la suite de cet incident, Dumouriez fut changé de prison et envoyé dans « une fort belle chambre de 26 pieds de long sur 18 de large. Auprès de la cheminée était un excellent lit qu'on avait fait faire pour une demoiselle Tiercelin, maîtresse de Louis XV, qui y avait passé un mois pour avoir eu trop d'ambition. Le major, en y installant Dumouriez lui dit, pour lui montrer son érudition : « Monsieur le colo-« nel, c'est la plus belle chambre du château mais « elle porte malheur. Le connétable de Saint-Pol, le « maréchal de Biron, le chevalier de Rohan et le gé-

« néral Lally qui l'ont habitée, ont porté leur tête sur
« l'échafaud... » Dumouriez y trouva moins d'inscrip-
tions que dans son ancienne chambre. Mais il y avait
sur les murs quelques pensées de La Bourdonnaye et
de Lally et des paraphrases de psaumes de M. de La
Chalotais. Il y vit aussi le nom de Ch. de Biren, duc
de Courlande. Sous une des paraphrases de La Chalotais, Dumouriez grava les vers suivants :

N'adresse point au ciel une plainte importune,
Et quel que soit le cours de ton sort incertain,
Apprends de moi que l'infortune
Est le creuset du genre humain [1].

1. *Mémoires* de Dumouriez.

F

LETTRE DE DUMOURIEZ A LOUIS XVI TROUVÉE
DANS L'ARMOIRE DE FER

« Sire,

« Votre Majesté est le plus honnête homme de son royaume : c'est à son cœur que j'adresse avec confiance mes plaintes respectueuses. Vous ne devriez me connaître que par mes services, puisque mon rang et ma fortune ne m'ont jamais mis à portée de vous approcher. J'ai rempli depuis trente-cinq ans une carrière honorable dans l'armée et dans les négociations. Je n'ai sollicité ni obtenu aucune récompense. J'ai mérité et gagné, par mes longs travaux et par une multitude de blessures, les grades que tant d'autres n'obtiennent que par l'avantage de tenir à votre cour.

« J'ai pour Votre Majesté le plus tendre attachement, il est redoublé par les circonstances. M. de Laporte, mon ami depuis quarante ans, qui connaît à fond mon caractère et tous les détails de ma vie, sera ma caution ; il connaît mon zèle ardent ; il pourra citer les preuves que j'en donne en ce moment même...

« Cependant, Sire, j'ai été calomnié auprès de vous, l'impression de la calomnie a été profonde, puisque Votre Majesté a rejeté le choix qui lui a été proposé de ma personne pour commander à Lyon. Victime de la haine et de la jalousie, j'ai gémi dans le silence, je ne pourrais pas me justifier, ignorant sur quoi porte la calomnie, sans moi-même accuser les personnes que je crois auteurs de ma disgrâce.

« A Dieu ne plaise que, dans des temps aussi malheureux, je cherche à ôter à Votre Majesté, par des accusations fondées ou non, des serviteurs fidèles ! Je regarde comme vos ennemis, Sire, ceux qui vous rendent ce mauvais service ; ils consultent plus leurs passions que vos intérêts. C'est un point bien essentiel pour Votre Majesté, dans une aussi grande crise, de bien fixer ses choix pour toutes les places. C'est sur leur vie entière qu'elle doit juger les hommes, pour les bien choisir, et non pas sur le bien ou le mal qu'en disent des courtisans faibles ou corrompus, qui toujours ont mis un voile entre la vérité et votre personne.

« Il se présente pour moi une nouvelle occasion de vous être utile.

« Vous verrez, Sire, par la note ci-jointe, que je pourrais vous rendre de grands services si j'allais à Mayence.

« 1° Rien n'est plus dangereux pour la personne de Votre Majesté, pour l'État et pour les peuples, que le projet des princes qui menacent notre frontière : mon expérience et mes relations me mettent dans le cas de pouvoir aider à conjurer cet orage.

« 2° Je peux de même parvenir à faciliter les négociations des princes allemands, lésés dans leurs possessions d'Alsace, et qui réclament contre les décrets de l'Assemblée nationale : une guerre extérieure porterait nos maux à leur comble, elle aggraverait encore vos trop justes chagrins.

« 3° Enfin, si j'étais à Mayence, je pourrais aider à faire réussir l'affaire des nations, et sous ce point de vue, j'aurais le bonheur de rendre service à Votre Majesté.

« L'importance de ces trois motifs peut seule me déterminer à accepter, à mon âge et avec mon grade, une place de second ordre dans la carrière diplomatique.

« M. de Montmorin doit vous proposer de me choisir pour cette mission. J'ai désiré, Sire, que Votre Majesté en fût prévenue par moi-même. Si j'ai le malheur de vous déplaire, si vous doutez encore de mon zèle et de ma fidélité, je saurai me sacrifier et renoncer à tout. Faites-moi connaître, et épargnez-moi l'injure d'un second refus, en m'ordonnant de faire retirer la proposition de M. de Montmorin. Je ne me permettrai aucun murmure ; j'attendrai de nouvelles circonstances, qui malheureusement vous forceront bientôt de vous entourer de serviteurs courageux et expérimentés, pour me mettre à ma véritable place, et pour vous faire revenir de l'injuste prévention dont je suis la victime.

« Je vous aimerai toujours, et je ferai les vœux les plus ardents pour le bonheur de Votre Majesté, en attendant que je puisse lui prouver l'entier dévouement avec lequel je suis,

« Sire,
« de Votre Majesté
« Le très humble et très obéissant serviteur,

« Signé : DUMOURIEZ,
« Maréchal de camp, commandant à Cherbourg. »

Paris, le 19 mars 1791.

EXTRAIT DE LA LETTRE DE LAPORTE A LOUIS XVI

« Sire,

« J'ai l'honneur d'adresser à Votre Majesté la lettre de Dumouriez. Quoique d'une opinion très différente sur les affaires publiques depuis deux ans, je n'ai pas cru devoir rompre avec lui une liaison qui date de notre enfance et du collège. Je me suis cependant défié de lui il y a dix-huit mois ; mais, soit qu'il ait cherché alors à me tromper, soit qu'il fût, comme je l'ai cru effectivement, de bonne foi, il m'a dès lors témoigné tant d'attachement pour la personne de Votre Majesté et pour la royauté, tant d'aversion pour les chefs des factieux, que, tout en combattant ses opinions, j'ai pensé que je ne devais pas le haïr. Enfin ce qui m'a convaincu qu'il n'était pas capable de favoriser les désordres, c'est l'activité qu'il a apportée à punir les auteurs de ceux qui ont eu lieu à Cherbourg, dont deux ont été condamnés à être pendus, et huit ou dix aux galères ou au fouet.

« Enfin, depuis mon arrivée ici, je ne lui ai vu que de l'horreur contre les démagogues et les ennemis de la constitution monarchique.

« Avec cela, Sire, Dumouriez est révolutionnaire ; et quelque faible que j'aie pour lui, quelque persuadé que je croye devoir être qu'il n'est pas malhonnête, il n'est point, et il ne sera jamais mon confident sur ce qui pourra concerner les intérêts de Votre Majesté dans les points où je ne vois pas comme lui, dans les négociations qui peuvent être faites dans l'Assemblée nationale. Je lui ai toujours dit que Votre Majesté ne me parlait que des détails économiques de sa maison, et je l'ai assuré, ce qui est très-vrai, que je ne me chargerais pas d'une lettre pour vous, Sire, semblable à la sienne, venant de tout autre que de lui.

« Quant à l'objet de cette lettre, je sens tous les inconvénients qu'il y a que Votre Majesté ait pour ministres, dans les pays étrangers, des gens dans le sens de la révolution, et en même temps le danger que ces ministres soient mal notés à l'Assemblée nationale. Mais c'est une matière si délicate que je ne me permettrai pas de pousser plus loin mes réflexions.

Quant à Dumouriez, il a de l'esprit, beaucoup de caractère, des talens ; je crois le peindre à Votre Majesté en lui disant qu'un homme de cette trempe peut être *ou fort utile ou fort dangereux*[1]... »

1. Cette lettre trouvée dans l'armoire de fer a été publiée dans la deuxième édition des *Mémoires* de Dumouriez.

G

NOMINATIONS FAITES PAR DUMOURIEZ DANS LE PERSONNEL
DIPLOMATIQUE A SON ARRIVÉE AU MINISTÈRE

« De Maulde fut nommé ministre plénipotentiaire
à La Haye, à la place de Gouvernet, fils de La Tour-
du-Pin, ci-devant ministre de la Guerre. Barthélémy, ancien négociateur, qui résidait comme chargé
d'affaires à Londres, ambassadeur en Suisse, à la
place du marquis de Vérac, Verninac, ministre en
Suède; Vibraye, ministre plénipotentiaire à Dresde,
passa dans la même qualité en Danemark, à la
place du baron de la Houze, devenu hébété par
apoplexie. Le fils du général Montesquiou remplaça
Vibraye à Dresde. Mackau, fils de la dame de ce
nom qui avait été sous-gouvernante du roi et de ses
frères, passa de Stuttgardt ambassadeur à Naples et
fut remplacé à Stuttgardt par Maisonneuve, beau-
frère de M. de la Tour-Maubourg. Caillard, ancien négociateur, ministre plénipotentiaire à Ratis-
bonne, Dassigny à Munich : il avait été nommé par
de Lessart. Châteauneuf remplaça à Genève Castel-
nau qui était l'agent public des princes: Villars, à
Mayence; de Pons à Cologne, à la place de Maule-

vrier. Comme on avait arrangé depuis longtemps que Talleyrand, ancien évêque d'Autun, irait négocier en Angleterre ; comme il avait beaucoup de talens, mais qu'on était gêné, pour lui donner un caractère public, par le décret exclusif des membres de l'Assemblée constituante, le ministre lui donna pour prête-nom le jeune Chauvelin, fils de son ancien général et ami, auquel il voulait assurer une place après l'expiration de deux ans du décret, au bout duquel terme Talleyrand devait déployer le caractère d'ambassadeur. »

(*Mémoires* de Dumouriez, t. II, p. 160.)

H

LETTRE DE DUMOURIEZ A BIRON (DUC DE LAUZUN)
avril 1792.

«… Je renvoie l'évêque d'Autun à Londres avec le jeune Chauvelin ; ils iront fort bien ensemble… Je voudrais avoir un Biron à mettre partout. J'en voudrais surtout un dans mon cabinet, et encore mieux à ma place… »

(Correspondance de Talleyrand.)

PORTRAIT DE ROLAND

par Dumouriez.

« Roland a peu d'esprit, il a beaucoup d'instruction… il a de la probité et même de la douceur et de la bonhomie ; mais la vanité de passer pour un homme vertueux lui avait fait adopter un air de roideur et un ton de rigorisme qui n'étaient pas dans son caractère. Il voulait ressembler à Caton le Censeur, il en avait pris la tournure sèche, frondeuse et repoussante mais il n'en avait ni le génie ni l'énergie. Son costume était antique avec affectation, mais au moins il était propre dans son habillement et il n'avait pas adopté le cynisme sale des Jacobins...

« Le caractère et les principes de Roland en auraient fait un assez bon ministre dans un temps moins orageux...

« Roland avait le malheur de se laisser conduire par une femme bel esprit, qu'il avouait avoir donné le poli à ses volumineux ouvrages, et de s'être entouré d'un certain nombre de folliculaires fripons ou fanatiques.

PORTRAIT DE MADAME ROLAND
par DUMOURIEZ.

« Parmi toutes les femmes dont les noms seront inscrits dans l'histoire de cette révolution, aucune n'a joué un rôle plus noble et plus intéressant que Mme Roland. C'est une femme de trente à quarante ans, très fraîche, d'une figure très intéressante, toujours mise élégamment, parlant bien, et peut-être avec trop de recherche d'esprit, vertueusement coquette et s'étant fait le coryphée d'une société de métaphysiciens, de gens de lettres, de membres de la Convention et de ministres qui tous les jours allaient prendre ses ordres, mais qui particulièrement s'assemblaient chez elle le vendredi : c'est à ce dîner que se déployait la politique de toute la semaine... Aucune des femmes des autres ministres n'était admise à ces mystères politiques.

« Quoique avec beaucoup d'esprit, Mme Roland était imprudente et hautaine, elle était fort aise qu'on sût qu'elle dominait son mari et par là elle

lui avait nui plus qu'elle n'a jamais pu lui être utile
par ses conseils. Elle avait donné pour coopérateurs
à son mari Pache et Lanthenas. Le premier avait si
bien gagné la confiance de Roland que c'est par lui
qu'il est devenu ministre de la Guerre. Une fois son
collègue, il n'a cherché qu'à le contrarier et à le
perdre, et pour mieux y réussir il s'est jeté à outrance
dans le parti des Jacobins. Leur lutte a été terrible;
ils sont tombés tous les deux à la fois, mais Roland
est resté à terre et Pache s'est relevé.

« Plusieurs autres femmes se sont montrées sur les
tréteaux de la révolution, mais d'une manière moins
décente et moins noble que Mme Roland, excepté
Mme Necker qui peut seule lui être comparée, mais
qui, vu son âge et son expérience, était plus utile à
son mari et moins agréable à ses entours. »

I

LETTRE DU COMTE DE VERGENNES A LOUIS XVI
TROUVÉE DANS L'ARMOIRE DE FER

« SIRE,

« Deux ministres de Votre Majesté m'annoncèrent hier qu'elle avait daigné jeter les yeux sur moi, pour m'appeler dans son conseil et me charger des contributions publiques. Ils ajoutèrent que je recevrais ce matin les ordres de Votre Majesté.

« Dans le même jour je les ai priés de mettre à ses pieds ma reconnaissance et de la supplier de ne pas me donner des ordres dont l'exécution était au-dessus de mes forces.

. . . .

« Le nom que je porte, Sire, vous rappelle quelques services rendus à la France et l'attachement le plus fidèle à Votre Majesté. C'est sous ce dernier rapport que je suis digne de le porter. J'ose me flatter de l'avoir prouvé dans toutes les circonstances à Votre Majesté et jusqu'au dernier soupir ma vie lui sera consacrée.

« Je suis avec le plus profond respect, etc...

« VERGENNES. »

13 juin 1793.

J

DÉCLARATION DE DUMOURIEZ A LOUIS XVI A PROPOS
DU DÉCRET SUR LES PRÊTRES

« Sire, vous avez sanctionné le décret du serment
des prêtres, c'est à celui-là qu'il fallait appliquer
votre *véto* ; si j'avais été alors dans votre conseil, au
péril de ma vie je vous aurais engagé à refuser votre
sanction. Ce premier décret a produit tous les dangers et tous les maux de la France. Celui-ci est le
seul remède politique qu'on puisse y apporter ; il est
dur, mais il n'est pas cruel. Si vous voulez que nous
en pesions mûrement tous les articles, vous verrez
qu'ils contiennent des modifications qui le rendent
supportable. Le premier était une loi religieuse : il
attaquait la liberté de penser en matière de culte ;
celui-ci est une loi politique qui ne concerne que la
sûreté et la tranquillité du royaume. Il est même la
seule sûreté des prêtres non sermentés contre les
fureurs de la persécution. Bien loin de les sauver par
votre *véto*, vous leur ôtez le secours d'une loi, vous
les exposez à être massacrés, et les Français à devenir leurs bourreaux : ainsi mon avis est qu'ayant,
j'ose dire, fait la faute de sanctionner le décret du

serment des prêtres, ce décret ayant produit des maux énormes, votre véto, si vous l'appliquiez à ce second décret qui peut arrêter le déluge de sang prêt à couler, chargerait votre conscience de tous les crimes auxquels le peuple se porterait. »

K

CORRESPONDANCE POLITIQUE [1]

du 16 juin 1792.

« Les amis du roi ont craint que Dumouriez ne remontât trop vite le ministère jusqu'au Feuillantisme. Mais Dumouriez est trop fin pour ne pas sentir qu'il faut encore au roi des Jacobins pendant quelque temps. Ce ministre est dans une position très scabreuse, mais il a du talent et sa conduite prouvera si M. de Rivarol, son beau-frère *in partibus* a bien su l'apprécier quand il l'a donné au roi. »

1. Organe royaliste.

L

LETTRE ATTRIBUÉE A RIVAROL

5 octobre 1792.

« ... Quant à Dumouriez, cet homme est inconcevable... On croit voir sous son bonnet rouge percer le bout de l'oreille aristocratique...

« Un plan de campagne est arrêté, il le bouleverse ; il souffle le commandement de l'armée au vieux Rochambeau.

« ... Lafayette furieux de voir qu'on sauve le roi sans lui, le force à renvoyer Dumouriez. Ses lettres à l'assemblée ont l'air d'une mystification continuelle... »

M

JUGEMENT DE DUMOURIEZ SUR LAFAYETTE

« La Fayette a de l'instruction, des vertus, un grand
sang-froid et beaucoup de courage. Son plus grand
défaut est de se croire fin et expérimenté, qualités
incompatibles avec sa franchise et son abandon, et
de ne pas savoir connaître les hommes qu'il juge
trop d'après lui-même ; avec les intentions les plus
droites il a fait de grandes fautes dans la révolution...
Il s'est toujours montré indécis, versatile et plus fin
que fort... Quelle que fût son ambition, la nature
l'avait condamné à la médiocrité. »

N

JUGEMENT DE DUMOURIEZ SUR MIRABEAU

« Mirabeau dont le cœur était aussi corrompu que son génie était grand, s'était jeté dans le parti du peuple pour se venger de l'autorité qui, par de fréquentes lettres de cachet, avait eu le tort de le mettre à l'abri de la juste rigueur des lois, bien plus encore que celui de punir arbitrairement ses crimes...

« Supérieur à toute l'Assemblée en scélératesse et en talens, il cherchait pour sa propre utilité à s'associer les hommes instruits, ou qui passaient pour l'être. Alors il avait abandonné le duc d'Orléans qu'il méprisait, il s'était lié avec la cour et Montmorin qui le payaient ; son but était de se faire premier ministre et par conséquent de commencer par faire la contre-révolution. »

O

DISCOURS DE COLLOT D'HERBOIS A DUMOURIEZ
CONVENTION NATIONALE

14 octobre 1792.

« N'est-il pas vrai, général, qu'il est beau de commander une armée républicaine ? Que tu as trouvé une grande différence entre cette armée et celle du despotisme ?....

Un grand nombre de confrères sont morts... mais vivent-ils, ceux qui nous ont attaqués ? Non, leurs cohortes ne sont plus qu'un fumier infect que le soleil de la liberté ne purifiera qu'avec peine. Cette nuée de squelettes ambulants ressemble bien au squelette de la tyrannie et comme lui ils ne tarderont pas à succomber.

« Que sont devenus ces anciens généraux à grande renommée ? Leur ombre s'évanouit devant le génie tout-puissant de la liberté... Ils fuient parce que les peuples se lèvent. Tu as entendu parler de Thémistocle ; il venait de sauver les Grecs par la bataille de Salamine. Il fut calomnié (tu as des ennemis, Dumouriez, tu seras calomnié, c'est pourquoi je te parle)

Thémistocle fut calomnié; puni injustement par ses concitoyens, il trouva un asile chez les tyrans, mais il fut toujours Thémistocle. On lui proposa de porter les armes contre sa patrie. « Mon épée ne servira jamais les tyrans » dit-il, et il se l'enfonça dans le cœur...

« ...A Bruxelles la liberté va renaître sous tes auspices. Tu rendras les enfants à leurs pères, les épouses à leurs époux; le spectacle de leur bonheur te délassera de tes travaux.

« Enfants, citoyens, filles, femmes, tous se presseront autour de toi; tous t'embrasseront comme leur père. De quelle félicité tu vas jouir, Dumouriez !

« Ma femme... elle est de Bruxelles, elle t'embrassera aussi. »

Ce discours a été souvent interrompu par de vifs applaudissements.

(Extrait du Journal des Jacobins.)

P

(Bibliothèque de Genève, manuscrits. Fonds Reybaz [1].
13 novembre 1792.)

« ... L'horizon se charge encore de sombres nuages. Cependant le succès de Dumouriez, qui est vraiment une grande et belle victoire, devrait donner de la force au parti qui veut établir un gouvernement. Mais ce n'est point à ceux qui raisonnent le mieux ou qui ont les meilleures intentions que le succès est assuré... »

1. Le fonds Reybaz contient 59 lettres de Mirabeau établissant que les discours du grand orateur étaient fort souvent préparés et rédigés par Reybaz, pasteur protestant.

Q

LETTRE DU GÉNÉRAL DE VALENCE A LA CONVENTION

avril 1793.

« ... Arrivé ici j'ai appris l'arrestation des généraux Bouchet et d'Harville. Le lendemain vos commissaires sont venus signifier à Dumouriez l'ordre de se rendre à Paris. Le courrier qui les accompagnait lui a annoncé en pleurant qu'il était attendu hors Paris par quatre mille hommes prêts à le massacrer.

« Dix lettres de cachet sont arrivées à l'armée en des termes qui vous sont connus. Une onzième était lancée contre moi ; l'effet en était suspendu à cause de mes blessures...

« Le parti que prend Dumouriez, que l'armée tout entière suivra peut-être, m'empêche d'aller à Paris. La guerre civile est déjà en Vendée ; de nouveaux intérêts vont créer de nouvelles factions. Je ne veux entrer dans aucune. Si j'échappais aux prisons de vos comités, je ne veux pas choisir les Français que je dois combattre. Je m'exile de ma patrie. Jamais je ne servirai contre mes concitoyens, quelle que soit leur opinion ou leur égarement. J'abandonne ce que j'ai de plus cher, fortune, gloire, famille, patrie. Puissé-je n'avoir pas longtemps à pleurer sur les malheurs que des désorganisateurs attirent sur la France [1]... »

1. HOLLAND ROSE et BROADLEY, *Dumouriez*.

R

LETTRE DE FERSEN AU COMTE DE SPARRE

16 avril 1793.

« ...Il y a trois partis : celui du duc d'Orléans, celui
de Robespierre, Danton et Marat, celui de Pétion et
Dumouriez... Les deux premiers veulent la mort de
la Reine; le dernier veut la sauver et la rétablir... »

(G. BORD, *Autour du Temple*, t. II, p. 96.)

S

INVENTAIRE DES TOILETTES DE MADAME DE
BARRUEL-BEAUVERT

(*Archives nationales*, t. CCCVII, cote 39.)

Robe de satin rayé.
Robe de satin blanc.
Robe de satin rose.
Robe de petit satin à mouches.
Un déshabillé de satin Adélaïde.
Une vieille robe de jour de soie noire.
Robe de pékin satiné violet et blanc.
Robe d'ambroisienne carmélite.
Robe de pékin à fond jaune.
Robe d'indienne.
Une chemise décorée d'arbres.
Un déshabillé de taffetas doublé.
Une redingote de drap olive.
Deux fourreaux de taffetas blanc.
Deux robes de taffetas double.
Une robe puce et une jaune.
Une robe noire.
Un pierrot œil de roi.

Un pierrot et jupe de taffetas chiné.
Un pierrot de taffetas blanc.
Robe de mousseline brodée.
Un fourreau de mousseline brodée.
Un fourreau de mousseline rayée.
Un fourreau de batiste.
Deux chemises de mousseline rayée.
Un pierrot et jupe de batiste rayée.
Un pierrot de mousseline brodée.
Un pierrot rayé de mousseline.
Un pierrot de batiste à mouches.
Deux chemises d'indienne.
Un fourreau d'indienne.
Un fourreau de batiste à pois.
Deux redingotes de bazin.
Deux redingotes d'indienne.
Une redingote de petit taffetas.
Deux jupes de linon batiste [1].

1. Cet inventaire est daté de 1787.

T

RAPPORT DU COMITÉ DE SALUT PUBLIC A LA CONVENTION
SUR LA CONJURATION DE L'ÉTRANGER

«... Danton a provoqué une insurrection à Paris avec l'argent envoyé par Dumouriez (10 mars)... »

*Pièces authentiques relatives aux agens
de la faction de l'étranger.*

« Au moment où Dumouriez trahissait la France en faveur de Capet, Westermann, Danton, Lacroix, étaient ses complices. Westermann fit un grand nombre de voyages à Paris pour remettre à Gensonné et à d'autres conspirateurs les lettres de Dumouriez. »

(Jugement du tribunal révolutionnaire, 11 germinal an II.)

U

LETTRE SAISIE PAR LA POLICE

Octobre 1806
« *Archives nationales, F⁷ 6479.* »

« Nous avons perdu un bon chef vendéen, le marquis de Forestier, qui possédait tous les plans. Il nous reste sa maîtresse ou femme clandestine qui les possède. C'est une femme de grands moyens et dangereuse pour l'usurpateur.

« Dumouriez, Puisaye, Tinseau, Vioménil et l'infatigable La Chapelle, nous promettent d'atteindre le but si longtemps désiré. »

V

LETTRE DE WELLINGTON A DUMOURIEZ

Freneda, 3 février 1813.

« ... Il y avait auprès du duc d'Orléans des personnes
indignes de sa confiance et fort indiscrètes, qui ont
parlé du bien que cela ferait à la nation espagnole
que le duc d'Orléans en fût le régent. Les Cortès lui
firent dire de s'en aller en vingt-quatre heures...

« Le duc croit que c'est arrivé par les intrigues des
Anglais. Moi je ne savais pas même que le duc était
à Cadix. Mon frère lui a prédit ce qui est arrivé et
lui a conseillé d'être sur ses gardes...

« ... Ce prince estimable aurait pu faire beaucoup
pour cette malheureuse contrée. Mais je vous assure
que la faute n'est pas la nôtre [1]... »

1. *Despatches of Wellington*, X.

X

2 juillet 1797.

« ... Oui, Monsieur, j'ai voulu rétablir l'ordre en France, après avoir été presque le témoin de l'affreux assassinat du malheureux Louis XVI sans avoir pu l'empêcher ni le sauver en partageant son danger. Il a été la victime de tout le monde, de ses amis, de ses ennemis, de sa famille et des cours étrangères. Il paraît que les Français commencent à avoir ce crime en horreur ; ils reviennent sur beaucoup de choses ; mais j'ai peur que suivant leur légèreté naturelle, ils n'aillent trop vite et ne tournent trop court, ce qui les ferait renverser encore sur ce terrain parsemé de débris...

« Mon adresse est D. sous le couvert de MM. Lubert et Dumas, négociants à Hambourg... »

17 juin 1800.

« ... Le brave Cadoudal est descendu à Quiberon... Si Bourmont est averti à temps il se remettra en campagne. Mais si on ne multiplie pas les descentes sur plusieurs autres points, et s'il n'y a pas un plan général, on achèvera de ruiner le parti des royalistes en les faisant écraser partiellement...

« Les deux plans que j'ai fait remettre au ministère anglais sont d'une tout autre importance. Je patiente parce que je suis sûr qu'on y reviendra un jour...

« Le cabinet de Vienne a été dupe, non pas de Moreau, mais de sa propre duplicité et du caractère corse du Consul qui, en fait de machiavélisme, l'emporte de beaucoup sur Thugut.

« Je ne connais pas personnellement Pichegru, je ne le regarde que comme un bon outil et il serait plus utile en Allemagne qu'à Londres si on pouvait l'employer à gagner Moreau.

« Moreau m'était fort attaché en 1792 et a été mis en prison par Robespierre pour avoir voulu prendre mon parti. J'aurais peut-être moyen de le gagner, mais je ne suis pas à portée et je n'ai pas d'argent pour luy envoyer un émissaire sûr. J'aurais bien des choses secrettes à dire à cet égard ainsi que sur le Dauphiné où j'ai envoyé un excellent homme...

« Adieu mon cher Comte, présentez mon respect à S. A. Mgr le duc de Bourbon, et les marques de ma très sincère estime et très méritée à M. le duc de Choiseul. Je vous embrasse.

« DUMOURIEZ. »

14 novembre 1800.

« ... J'ai vécu ici quelques jours intimement avec Nelson. Avec une figure commune, c'est une âme d'une trempe héroïque. Il m'a fait promettre de loger chez lui à Londres si je suis dans le cas d'y aller. Nous nous sommes jurés fraternité d'armes comme les anciens chevaliers et nous nous tiendrons parole.

« Je me suis aussi lié avec la dame de ses pensées, la fameuse Lady Hamilton, l'amie intime de la reine de Naples, dont elle veut me faire un appuy, ou me faire l'appuy de sa couronne. Je laisse travailler sa tête [1]... »

1. Ces lettres de Dumouriez au comte de Serrant font partie des archives de M. le duc de la Trémoïlle. Elles ont paru dans un volume tiré à un petit nombre d'exemplaires et vendus au profit d'une œuvre de bienfaisance. *Souvenirs de la Révolution*, par le duc DE LA TRÉMOÏLLE.

FIN

SOURCES PRINCIPALES

Archives nationales[1].
Archives du ministère des Affaires étrangères.
Archives du marquis de Chabrillan.
Archives historiques du ministère de la Guerre.
AULARD, *Recueil des actes du comité de salut public.*
AULARD, *Paris sous le Directoire. Paris sous le Consulat.*
Papiers de Barthélémy.
Papiers de Fersen.
CHASSIN, *Préparation de la guerre de Vendée. Pacifications de l'Ouest.*
CHUQUET, *Valmy. La trahison de Dumouriez.*
Archives de la Bastille.
DUC DE BROGLIE, *le Secret du roi.*
SOREL, *l'Europe et la Révolution française. Lectures historiques.*
MICHELET, *Histoire de France.*
THIERS, *Histoire de la Révolution française.*
LOUIS BLANC, *Histoire de la Révolution Française.*
MADELIN, *la Révolution française.*

1. Je tiens à remercier M. de Curzon et M. Gustave Bord de la complaisance avec laquelle ils ont facilité mes recherches aux Archives nationales.

BIBLIOTHÈQUE NATIONALE IMPRIMÉS

De Brébisson, *Fouché*.

Major von Boguslawski, *Der general Dumouriez*.

Holland Rose and Broadley, *Dumouriez*.

Desmarest, *Quinze ans de haute police*.

Bibliothèque nationale (manuscrits). Fonds français.
Bibliothèque Mazarine (manuscrits).

Bibliothèque de Nantes (manuscrits).

Bibliothèque de Genève (manuscrits).

Funk Brentano, *Dumouriez à la Bastille*.

Welschinger, *le Roman de Dumouriez*.

Goethe, *Campagne de France*.

Fr. Masson, *Napoléon et sa famille*.

Boutaric, *Correspondance secrète de Louis XV*.

E. Daudet, *Une réconciliation de famille*.

E. Daudet, *Histoire de l'émigration*.

Revue de la révolution.

Feuilles d'histoire.

Bonhomme, *Correspondance de Mlle de Fernig*.

Aug. Thierry, *la Conspiration du 12 mars*.

Forneron, *Histoire de l'émigration*.

Mémoires de Mme de Genlis.

Mémoires de Dumouriez.

Mémoires du comte de Mesnard.

Mémoires de Miot de Mélitot.

Mémoires de Vaublanc.

Mémoires de Thibaudeau.

Mémoires de Mallet-Dupan.

Mémoires de Louvet.

E. d'Hauterive, *la Police sous le Premier Empire*, etc.

TABLE DES MATIÈRES

3627. — Tours, imprimerie E. Arrault et Cⁱᵉ.

www.ingramcontent.com/pod-product-compliance
Lightning Source LLC
LaVergne TN
LVHW010740060726

842527LV00002B/327